Sieglinde Eppenschwandtner

Monique Licatna

Lichtner

# Knoblauch, Kräuter und Oliven

Monique Lichtner

# Knoblauch, Kräuter und Oliven

Spezialitäten der provençalischen Küche

mit Bildern von

Werner Lichtner-Aix

Weingarten

CIP-Kurztitelaufnahme der Deutschen Bibliothek

Lichtner, Monique:
Knoblauch, Kräuter und Oliven: Spezialitäten
d. provençal. Küche/Monique Lichtner.
Mit Bildern von Werner Lichtner-Aix. – 2. Aufl. –
Weingarten: Kunstverlag Weingarten, 1984.
ISBN 3-8170-0002-2

2. Auflage 1984

Satz: Fotosatz Riedmayer GmbH, Weingarten
Reproduktion: repro-team gmbh, Weingarten
Gesamtherstellung: Ernst Uhl, Radolfzell
Printed in Germany
ISBN 3-8170-0002-2

# Inhalt

# Vorwort

Wenn man in der Provence lebt, ist es fast eine Verpflichtung, sich Kräutern und aromatischen Pflanzen, Knoblauch und Oliven, die überall zum Teil wild wachsen, zu widmen. In meinem Buch „La cuisine provençale“ wird das Kapitel Kräuter und aromatische Pflanzen schon gestreift, während ich mich in dem vorliegenden Buch ausführlich mit den speziellen Düften der Provence befasse. Traditionelle provenzalische Gerichte sind in „La cuisine provençale“ zu finden. In dem folgenden Buch geht es vorwiegend um Rezepte, die sich mit Kräutern, Knoblauch und Oliven befassen, wie es schon der Titel sagt. Außerdem wird den Trüffeln ein ganzes Kapitel gewidmet. Nicht weil sie geheimnisvollste und zu immer neuen Legenden anregende Würzstoffe sind, sondern weil sie ebenso zur Provence gehören wie Knoblauch und Thymian.
Dieses Buch soll nicht nur zu kulinarischen Streifzügen durch die Provence einladen, sondern auch bei der Suche nach wildwachsenden Kräutern wie Thymian, Rosmarin, Fenchel, Lavendel und Sarriette helfen und darüber hinaus ein Bild der Kulturlandschaft Provence vermitteln.
Ich habe versucht, die Kräuter in ihrem Allgemeinzusammenhang darzustellen. Nicht nur deren Verwendung in der Küche, sondern auch ihre Wirkungen und Eigenschaften, wie zum Beispiel die heilsame Seite der aromatischen Pflanzen werden genannt.

Die Mengenangaben der Kräuter in den Rezepten sind eine Anregung und bleiben letztlich dem individuellen Geschmack überlassen. Die Würzkraft frischer Kräuter ist intensiver als die getrockneter.
In diesem Zusammenhang noch ein Wort zur Kochzeit. In der traditionellen provenzalischen Küche sind Kochzeiten angegeben, die in unserer Zeit abenteuerlich erscheinen. Ich habe diese Angaben unseren heutigen Maßstäben angepaßt und modifiziert. Dabei ist zu beachten, mit welchem Geschirr und auf welchem Herd gekocht wird.

Monique Lichtner

# Einleitung

Die Hunde in unserer kleinen Straße, der Rue du vieux château, lagen wie aufgereiht in der Sonne und schienen uns zu erwarten. Als wir nach längerer Zeit der Abwesenheit aus dem Wagen stiegen, kamen sie uns schwanzwedelnd entgegen und begrüßten uns wie die Boten des Frühlings. Es war tatsächlich ein Frühlingstag mitten im Winter – ein Januartag, wie es ihn noch nie in der Provence gegeben haben soll.
Unser Haus, in der ehemaligen mittelalterlichen Stadtmauer ausgebaut, war wohlig warm. Es duftete nach vergangenem Sommer;.Thymian, Rosmarin und Lavendel hingen in dicken Büscheln von der Decke meiner Küche.
Wir waren gekommen, um „Knoblauch, Kräuter und Oliven" die letzte Würze zu geben.

Die Provence ist die aromatischste Landschaft des Mittelmeerraumes. Der kalte Wind aus dem Norden, der Mistral, fällt in den glühenden Midi und zwingt Thymian und Rosmarin zum Kampf. Die Pflanzenwelt der Provence ist so eine glückliche Symbiose aus Herbheit des Nordens und Lieblichkeit des Südens.
Wind und Sonne lassen dieses begnadete Stückchen Land zum Gewürzgarten des Mittelmeerraumes werden. Die Düfte begleiten uns von Grasse, der Capitale der Parfümerie, bis hin zum Gipfel des alles überragenden Mont Ventoux, an dessen Hängen die Fauna der ganzen Welt zu finden ist, von der Camargue bis hin zu den Hochebenen des Plateau Albion.
Die saftigen grünen Täler der Durance und der Rhône, die versteppten Hochebenen von Sault, der Küstenstreifen der Côte d'Azur oder die versteppte Camargue, die geschützten fruchtbaren Ebenen im Lubéron, das alles ist Provence. Jede Gegend ist so eigen wie irgend ein Land in Europa.
Naturgemäß haben sich zwei Küchen entwickelt, die des Binnenlandes und die der Küste.
Die eine wird bestimmt durch herzhafte, knoblauchduftende Eintöpfe, einer Vielzahl von Lammfleischgerichten, von Kräutern, Knoblauch und dem reichen Gebrauch von Olivenöl. „une cuisine de terroir", eine Küche des Landes, geprägt durch das Leben der Bauern, durch das ländliche Leben, manchmal karg wie die Landschaft, in der sie

entstanden ist. Die andere, eine heitere, lebhafte, leichte Küche, heiter wie die Landschaft, die vom Mistral unbehelligt sich unter azurblauem Himmel in verschwenderischer Schönheit zeigt. Sie ist reich an Fischgerichten, der italienische Einfluß noch spürbar.
Gemeinsam ist diesen verschiedenen regionalen Küchen die Einfachheit das Geniale in der Improvisation.
Der bewußte Gebrauch von aromatischen Pflanzen, die den Eigengeschmack der Gerichte unterstreichen sollen, benetzt oder gebraten mit Olivenöl erster Pressung.
Eine gepreßte Knoblauchzehe macht die Küche der Provence zu einer ebenso köstlichen wie verträglichen und bekömmlichen Küche.

An dieser Stelle möchte ich allen Freunden, unseren Freunden in Sérignan und München und im besonderen meiner Familie und meiner Mutter danken, die mir bei der Entstehung des Buches geholfen haben.
Widmen möchte ich das Buch meinem Mann Werner.

# Über Symbolisches, Überliefertes, Magisches und Traditionelles der Kräuter

Seit Bestehen der Menschheit nutzt der Mensch die Tugenden der Kräuter und Pflanzen. Von alters her weiß er von der heilenden Wirkung mancher Pflanzen. Man sprach ihnen Wunderkräfte zu. Es erstaunt nicht, von geheiligten Pflanzen zu hören, denen man magische Kräfte im Guten wie im Bösen zusprach. Sie hatten Bestand in der darstellenden Kunst, Kultstätten wurden mit Ornamenten bestimmter magischer Pflanzen versehen. Die Wohnungen wurden mit geheiligten Kräutern zum Schutz gegen das Böse geschmückt. In den Kulthandlungen stellten sie neben der jeweiligen Sinndarstellung Symbole dar, die einen erzieherischen und heilsamen Einfluß ausüben sollten.

So stellte der Lorbeer in allen griechischen und romanischen Ländern die Unsterblichkeit dar, die Ehre oder den Ruhm im Kampf, die schöpferische Kraft in der Kunst, das Ansehen in der Poesie. Dem Basilikum wurden magische Kräfte in der Erotik, der Liebe, der Trauer und auch im Haß zugesprochen.

Dill hingegen symbolisierte Freude, Vergnügen, Kraft. Kerbel die Fruchtbarkeit, Ysop die Reinheit und in Verbindung mit Wasser galt es als Symbol der Quelle des Lebens. Majoran verkörperte bei den Griechen Liebe und Ehre, Estragon stand als Zeichen für Reinheit und Lauterkeit, Bohnenkraut als Symbol der Unschuld, ein Wahrzeichen der Mönche.

Bei den Römern war der Rosmarin als geheiligtes Kraut Symbol der Liebe, der Treue, der ewigen Freundschaft und des Todes, bei den Ägyptern ein Symbol der Mäßigung. Ebenso der Thymian, der jedoch auch Kampfeslust und Ungestümheit symbolisierte. Dargestellt mit einer Biene war er auch Zeichen von Milde und Güte.

Die Petersilie, ein geheiligtes Kraut bei den Griechen, schmückte als Zeichen der Freude und Festlichkeit die Tafeln bei Gastmählern.

Melisse symbolisierte die Munterkeit, den Scherz, den Spaß. Die Zitronelle galt als Zeichen der Trauer um die Toten. Koriander war ein teuflisches Symbol: das der Trunkenheit. Salbei stand über allen Kräutern. Es vereinigte in sich die Tugenden der Kräuter, war "la salvatrice", die Heilung von allen Übeln und auch das Symbol von Achtung und Ansehen.

In Italien symbolisieren bis in die heutige Zeit einige Kräuter durch ihren bezwingenden magischen Duft Zeichen der Astrologie. Zum Beispiel der Krebs steht im Zeichen des Rosmarin, der Steinbock im Zeichen der Petersilie, der Widder wird dargestellt durch Basilikum, die Waage durch Salbei, der Zwilling durch Origano.
Wen wundert's, daß Legenden entstanden?

Die Provenzalen, die vieles von den Griechen, die seinerzeit auch im heutigen Südfrankreich siedelten und Pflanzen und Kräuter mitbrachten, übernommen haben, erzählen die Legende vom Lorbeer: Daphne wurde von Apollo mit großer Leidenschaft verehrt und verfolgt. Um sich vor ihm zu retten, flehte sie andere Götter des Olymp um Hilfe an. Zeus verwandelte sie in einen Lorbeerbaum. Eine Rinde bedeckte ihre Brust, ihre Haare wurden zu Blättern, ihre Arme zu Zweigen und ihre Füße zu Wurzeln. Apollo war untröstlich, er bekränzte sich mit Lorbeer, schmückte die Tempel und erklärte den Lorbeer zu einem geheiligten Baum.
Auch in Rom wurde Lorbeer als Zeichen des Sieges und des Waffenstillstandes geehrt. Die Göttin des Sieges trug in der einen Hand einen Kranz aus Lorbeer, in der anderen einen Palmzweig. Die Christen übernahmen später zur Glorifizierung ihrer Märtyrer den Lorbeerkranz.
Den Thymian sollen wir der schönen Helena zu verdanken haben. Die Götter verwandelten eine Träne der Schönen in das wundervoll aromatische Kraut, um alle teilhaben zu lassen an ihrer Schönheit und Tugend.
Dem Dill sprach man auch die Tugend der Fruchtbarkeit zu. Die Bräute bekränzten ihre Mieder, wenn sie zum Altar schritten, oder sie legten sich Zweiglein von Dill in die Schuhe, um sich eines ungetrübten Eheglücks zu erfreuen.
Basilikum, das ebenfalls als geheiligtes Kraut galt, wurde sowohl in Asien als auch im Mittelmeerraum immer in Zusammenhang mit Skorpionen gebracht. Die Inder glaubten, daß der Genuß einiger Basilikum-Blätter die Schmerzen eines Skorpion-Stiches lindern könne. Im Mittelmeerraum glaubte man gar, daß aus einem Basilikum-Blatt, unter einen Stein gelegt, in der Mittagshitze ein Skorpion erwachse. Die Furcht vor diesem wundersamen Kraut ging sogar so weit, daß die Ernte nach einem bestimmten Ritual erfolgen mußte: Es durfte nicht mit Eisengeräten geerntet werden. Der zur Ernte Auserwählte mußte sich vorher mit Wasser aus drei Quellen besprengen, um rein zu sein.
Fenchel schützte das Haus vor bösen Geistern. Man steckte am 24. Juni, dem Johannistag, Fenchelkraut in die Schlüssellöcher des Hauses und konnte so vor den Geistern sicher sein.
Auch um die Petersilie bildeten sich viele Legenden. Ein Sprichwort besagt, daß die Petersilie sieben Mal zum Teufel geht, bevor sie wächst. Im übrigen sollte sie von einem rechtschaffenen Mann am „Vendredi-Saint", Karfreitag, gesäht werden.
Dabei erinnere ich mich an ein Erlebnis vor gar nicht so langer Zeit, als ich mein Kräuterbeet anlegte. Auf dem Markt hatte ich einige Petersilien-Pflanzen erstanden und schickte mich an, sie in die Erde zu setzen. Unsere Nachbarin sah mein Tun und schlug die Hände über dem Kopf zusammen. Fast möchte ich sagen, sie schlug ein Kreuz und

bat mich eindringlich, die Pflanzen nicht zu setzen, denn es brächte Unglück. Sie riet meinem Mann, Petersilien-Samen zu kaufen und einzusähen. Ich dachte an den alten Aberglauben...

Das gleiche passierte uns beim Aufstellen unseres Lorbeerbäumchens in unserem kleinen Hof. Ein Nachbar fragte uns, ob wir nicht fürchteten, daß der Baum in unserer Abwesenheit vertrocknen würde, denn dies sei ein Vorzeichen für ein Unglück – ein Zeichen des Todes.

Die Geschichten und Legenden, Zauber, Reize und Furcht beeinflußten die Lebensführung der Provenzalen. Sie durchdrangen Sitten und Gebräuche, die sich – wie diese kleinen Beispiele zeigen – bis in die heutige Zeit erhalten haben.
Auch unser Christentum hat heidnisches Brauchtum übernommen, wie zum Beispiel ein gesegnetes Kräutersträußchen im Herrgottswinkel, das Verbrennen von Weihrauch, den Myrtenkranz der Braut und das Myrtensträußchen des Bräutigams.

Im Laufe der Zeit kultivierten die Bewohner des Mittelmeerraumes aromatische Pflanzen. Ein reger Erfahrungs- wie auch Pflanzen-Austausch, der sich bald über die Welt ausdehnen sollte, begann. Aromatische Pflanzen und Kräuter nahmen einen bedeutenden Platz in der Medizin, der Pharmakologie und nicht zuletzt in der Küche ein.
Unter dem Einfluß der Klöster, die die wichtigsten Anbaustätten der Kräuter waren, wurden diese mehr und mehr bekannt und erreichten Wohlwollen bei Kaisern, Päpsten, Königen, Fürsten und Bürgern. Kräuterweiblein nahmen als Zulieferer für Apotheken eine wichtige Stellung ein. Sie fühlten sich auserwählt, eigene Mischungen und Wässerchen mit Hilfe der aromatischen Pflanzen herzustellen. Ob Liebestrank oder Todestrank, beides lag dicht beieinander.
Heilkundler kämpften um die Anerkennung ihrer Methoden. Der Arzt Theophrastus Paracelsus (1493-1541) sah die Pflanzen unter dem Einfluß der Gestirne. Er glaubte, ihre Kraft um ein Vielfaches steigern zu können, wenn die Ernte unter dem herrschenden Planeten vollzogen würde. Und er glaubte daran, daß die Organe und Körperteile des Menschen ebenso verschiedenen Gestirnen zugeordnet sind. Hierauf baute er seine Naturheilkunde auf.
Das von den Arabern schon lange praktizierte Destillationsverfahren wurde weiter entwickelt. Mönche machten sich diese Seite der Nutzung aromatischer Pflanzen in den Klöstern zu eigen. Sie destillierten neben heilsamen Medikamenten wohltuende und auch wohlschmeckende Liqueure. Jedes Kloster hatte seine geheimen Rezepte.
Im 18. Jahrhundert wurde die Parfüm-Gewinnung durch Destillation aromatischer Pflanzen entdeckt. Der Mittelpunkt wurde die Stadt Grasse. Besucht man heute die Stadt, so wird man von einem feinen, steten Duft der Parfüm-Destillation umhüllt. Der Besuch lohnt sich schon wegen der Kräuter – und Blütendestillation.
Die kulinarische Seite der aromatischen Pflanzen und Kräuter entwickelte sich parallel. Einst per Zufall entdeckt, um den Hunger zu stillen oder um Erjagtes schmackhafter zu

machen, wurden Neugierde und Interesse geweckt. Man machte sich auf die Suche nach wildwachsenden aromatischen Pflanzen, kochte ein Süppchen daraus, umwickelte ein Stück Fleisch, kaute die rohen Blätter. So mögen nach und nach die ersten Rezepte um die Kräuter entstanden sein.

# Épices,
# Aromatische Gewürze, Kräuter und Würzstoffe
# Traditionelle Kräuter- und Gewürzmischungen

Um ein wenig Verständnis für den Umgang mit Kräutern zu wecken, muß ich vorab erzählen, wie ich im Dorf gelernt habe, die Düfte einzufangen, die Kräuter aufzubewahren und zu verwenden.
Wir leben in einem kleinen ländlichen Dorf in der Vaucluse, umgeben von Feldern, Macchias und Garrigues – der immergrünen Heide. Die Häuser stehen verwinkelt dicht aneinandergelehnt. Kaum einer der Haushalte hat einen eigenen Garten, doch alle Hausfrauen, auch wenn sie nur ein Küchenfenster haben, pflanzen dort Basilikum, Estragon, Salbei, Petersilie, Schnittlauch, Pfefferminz, um nur einige zu nennen, an. Rosmarin, Thymian, Lorbeer wird von den nahen Hügeln geholt. In nördlicheren Breiten findet man diese Gewürze beim Kräuterhändler. Man kann jedoch leicht seinen Kräuterkasten auf dem Balkon um Rosmarin, Thymian und Lavendel erweitern. Sie bedürfen keiner Sonderpflege.

Die Kräuter, die gerade in der Küche gebraucht werden, erntet man frisch. Jedoch ist für die Konservierung der Zeitpunkt der Ernte äußerst wichtig. Nur wird es wenigen vergönnt sein, gerade vor oder nach der Befruchtung der Blüten wildwachsende Kräuter pflücken zu können. Doch wer dieses Glück hat, muß vor allem darauf achten, die Blüten sofort nach der Befruchtung – das heißt voll aufgeblüht – zu pflücken, wenn sie genutzt werden sollen. Will man das ganze Kraut verwenden, so ist der Zeitpunkt kurz vor der vollen Blüte günstig, wenn die Pflanze im Wachstum ist. Bei Pflanzen, bei denen die Wurzel verwendet wird, ist der Herbst die beste Erntezeit.
Bei der Ernte aromatischer Pflanzen oder Gartenkräuter sind das Wetter und die Tageszeit zu berücksichtigen. Um die Mittagszeit, wenn die Pflanzen ihr volles Aroma entfaltet haben, sollte man mit einer Schere die Blätter oder Stengel abschneiden.
Das Klima sollte trocken sein, denn bei Regen oder Feuchtigkeit verlieren die Pflanzen viel von ihrem Aroma.
Sollen die geernteten Kräuter für den Winter aufbewahrt werden, so empfiehlt es sich, diese an einem trockenen luftigen Ort – nie in der Sonne – trocknen zu lassen und danach in gut verschließbare Gefäße zu geben. Die Gefäße können aus Glas, Ton oder

anderen Materialien sein. Sie müssen nur fest zu verschließen sein, denn bei Feuchtigkeit schimmeln die Pflanzen. Die in der Küche dekorativ aussehenden hellen Gläser eignen sich nicht, denn bei Licht und Sonne verblassen die Kräuter und verlieren an Aroma. Wenn ein Glasgefäß genommen wird, dann sollte es aus farbigem, dunklem Glas sein.
So wie die Mönche ihre geheimen Rezepturen für die Kräuterliqueure bewahren, so haben die Familien ihre speziellen und oft auch streng gehüteten Mischungen der Kräuter der Provence – "des herbes de Provence". Die allgemeinen Richtlinien im Gebrauch der Kräuter habe ich in der nachfolgenden Übersicht zusammengestellt.

Nach einigen Versuchen hat man „seine" spezielle Mischung gefunden, und es macht Freude, weiter zu experimentieren. Zum Abmessen der Kräuter eignet sich eine Briefwaage, die sicher in den meisten Haushalten vorhanden ist. Raten kann ich zum Erwerb einer kleinen Gewürzmühle mit verschiedenen Walzen, da sie die Arbeit sehr vereinfacht, somit kann der Grad der Feinheit bestimmt werden. Ein Mörser aus Porzellan oder Marmor sollte nicht fehlen, da man darin seine Mischung einwandfrei herstellen kann. Ein Mörser aus Holz ist ebensogut, nur sollte man in diesem nichts anderes verarbeiten, da Holz Geschmack annimmt.
Es ist ratsam, seine Mischungen nur in kleinen Mengen herzustellen, da das gemahlene Gewürz sehr viel schneller sein Aroma verliert.

Die zunächst beschriebenen Rezepte eignen sich besonders zum Würzen von gegrilltem Fleisch, Geflügel und verschiedenen Braten. Mit einigen Tropfen Olivenöl angerührt, reibt man das Fleisch kräftig ein, läßt es ca. 1 Stunde marinieren, bevor man es auf den Grill gibt. Fleisch kann ebenso mit trockenen Kräutern eingerieben werden und ohne Zugabe von Fett gegrillt werden. Es ist eine Geschmacksfrage. Ich liebe es, ein Entrecôte zum Beispiel mit einer Marinade, der ich 1 Eßlöffel *Moutarde de Dijon* beigegeben habe, einzureiben.

## Provenzalische Gewürzmischung

## Épices provençales –

*Jeweils 20 g Thymian, Rosmarin, Lavendel, Orangenschale, Bohnenkraut, Quendel, Ysop. 10 g Nelken, 10 g Lorbeer, 1/2 Muskatnuß*

Alle Zutaten im Mörser oder in einer Gewürzmühle fein zermahlen und in geschlossenem Gefäß aufbewahren. Durch Mengenveränderung der verschiedenen Kräuter kommt eine neue Gewürzkomponente zustande.

Damit Sie sich im provenzalischen Kräuter- und Gewürzgarten nicht verirren, habe ich Ihnen eine Tabelle erarbeitet, die Ihnen, wie ich hoffe, in übersichtlicher Form auf einen Blick gestattet, zu erkennen, welche Kräuter zu welchen Speisen passen. Die Tabelle läßt Ihnen jedoch genug Spielraum für eigene Creationen.

| | Basilic<br>Basilikum | Sarriette<br>Winter-bohnenkraut | Anet<br>Dill | Estragon<br>Estragon | Fenouil<br>Fenchel-kraut | Cerfeuil<br>Kerbel | Cresson<br>Kresse | Lavande<br>Lavendel |
|---|---|---|---|---|---|---|---|---|
| Salate | Tomaten | | Blattsalat<br>Gurkensalat | Blattsalat | Blattsalat | gemischte Salate | gemischte Salate<br>Blattsalat<br>Eiersalat | |
| Suppen | Tomaten<br>Gemüsesuppe<br>Soupe au pistou | Hülsenfrucht-suppen<br>Kartoffel- und Gemüsesuppen | | | Fischsuppen<br>Bouillabaisse | Sahnesuppe | Tomatensuppe<br>Kressesuppe | Fischsuppen |
| Fisch | gebackener und gedünsteter Fisch | | Fische in heller Sauce<br>Aal, Seezunge<br>Krabben, Lachs<br>Fischsud | gebackener Fisch | Fischsud | | gedünsteter Fisch | |
| Geflügel | Ente | | | Huhn in heller Sauche<br>Geflügelfarce | | | | |
| Fleisch | Leber<br>Hackfleisch<br>Schweine-Lammbraten | Lammfleisch-braten | | Kaninchen<br>Kalbsbraten<br>gegrillte Lammkeule | | | | Lammfleisch |
| Gemüse | Ratatouille<br>Champignons in Sahnesauce<br>geschmorte Tomaten, Zucchini oder Auberginen | Bohnen<br>Erbsen | Gurken | | Kartoffeln<br>Zucchini | | | |
| Saucen | Kräutersaucen<br>Tomaten-Salatsauce | Kräutersaucen | Salat-Kräutersaucen<br>helle Sahnesauce | Kräuter-Salatsaucen<br>helle Sahnesauce | | Kräuter-Salatsaucen | Kräutersaucen<br>helle Sahnesauce | Kräutersaucen |
| Sonstiges | | zum Würzen von Ziegenkäse | gehört zu fines herbes | Marinaden<br>Kräuterbutter | | Eierspeisen | Eierspeisen | |
| Art der Verwendung | Blätter, Blütenspitzen<br>frisch<br>getrocknet | die feinen Nadeln<br>frisch<br>getrocknet | Blätter und Stiele<br>frisch<br>getrocknet<br>nur bedingt | Blätter und Blütenspitzen<br>frisch<br>oder eingelegt | Blätter und Stiele<br>frisch<br>getrocknet | Bätter<br>frisch<br>getrocknet | Blätter<br>zarte Stiele<br>frisch | |
| Anmerkung | gebratenem Geflügel oder anderem Braten beigegeben, macht das Gericht leichter verdaulich | Vorsicht<br>starke Würzkraft | | | | erst kurz vor dem Servieren zusetzen<br>Aroma wird durch Erhitzen zerstört | | |

| Laurier<br>Lorbeer | Marjolaine<br>Majoran | Mélisse<br>Melisse | Marjolaine sauvage<br>Origano | Persil<br>Petersilie | Romarin<br>Rosmarin | Sauge<br>Salbei | Ciboulette<br>Schnittlauch | Thym<br>Thymian | Genévrier<br>Wacholder |
|---|---|---|---|---|---|---|---|---|---|
| | | Blattsalat | Tomatensalat | | | | Blattsalat<br>Radieschen-<br>Kartoffel-<br>salat | Tomatensalat | |
| herzhafte Suppen | Gemüsesuppe<br>Kartoffelsuppe | | Kartoffelsuppe<br>Tomatensuppe | | | Fischsuppe | | | |
| gratinierter<br>Fisch<br>Fischsud | | | | Fischsud | gratinierte<br>Fische | gedünsteter Fisch | gedünsteter<br>Fisch | Fischsud | Fischsud |
| Pasteten<br>Ragout<br>gebratenes<br>Huhn | Geflügelfarce | | | gebratenes Huhn<br>Geflügelfarce | gegrilltes<br>Geflügel | Geflügelfarce | | gegrilltes<br>Geflügel<br>Geflügelfarce | |
| alle Braten<br>Kaninchen | Lammfleisch<br>Fleischfarcen | | Schweineschmor-<br>braten | jeder Braten | Rindfleisch<br>Lammfleisch<br>Kaninchen<br>Schweinefleisch | Schweine-<br>Lamm-<br>Kalbfleisch<br>Leber | gekochtes<br>Fleisch | alle Braten<br>gegrilltes Schwein<br>Lamm<br>Kalb | Wildgerichte |
| provenzalische<br>Gemüseeintöpfe | Gemüseeintöpfe | Champignon-<br>gerichte | Gemüseeintöpfe<br>Auberginen-<br>Tomatengerichte | alle<br>Gemüsegerichte | Gemüse-<br>Kartoffel-<br>eintopf | Kartoffeln | | provenzalischer<br>Gemüseeintopf<br>Tomatengerichte | |
| | Kräutersaucen | Salatsaucen<br>Kräutersaucen | Tomatensauce | Kräuter-<br>Salatsaucen | | | Kräutersaucen | Tomatensauce | |
| bouquet garni | | | Pizza<br>Ravioli | bouquet garni | gehört zu<br>herbes de<br>Provence | | gehört zu<br>fines herbes<br>Quark<br>Kräuterbutter<br>Eiergerichte | bouquet garni<br>herbes de<br>Provence | Wildpasteten<br>Marinaden für<br>Wild und Fisch |
| Blätter<br><br>frisch<br>getrocknet | Blätter<br><br>frisch<br>getrocknet | Blätter<br><br>frisch<br>getrocknet | Blätter und<br>Blütenspitzen<br>frisch<br>getrocknet | Blätter<br>feine Stiele<br>frisch | Nadeln<br><br>frisch<br>getrocknet | Blätter<br><br>frisch<br>getrocknet | Blattröhren<br><br>frisch | ganze Ästchen<br>kleine Blättchen<br>frisch<br>getrocknet | Beeren<br><br><br>getrocknet |
| sparsam<br>verwenden<br>1/2 - 1 Blatt | Majoran und<br>Origano nie<br>gemeinsam<br>verwenden | | verliert durch<br>Erhitzen<br>sein Aroma | | Vorsicht!<br>starkes Aroma | fette Gerichte<br>werden<br>verträglicher | verliert durch<br>Erhitzen nicht nur<br>Aroma, sondern<br>auch alle seine<br>Tugenden | | |

## Herbes de Provence

*25 g Thymian, 25 g Rosmarin,
25 g Basilikum, 20 g Bohnenkraut,
20 g weißer Pfeffer, 30 g Lorbeer,
30 g Lavendel, 20 g Koriander,
30 g Orangenschale, 1/2 Muskatnuß*

## Provenzalische Kräuter

Alle Zutaten zermalmen, miteinander vermischen und trocken aufbewahren.

Folgende Kräutermischung, die man jeweils zum Gebrauch frisch zusammenmischt, bietet sich vorzüglich zu Gegrilltem an.

## Herbes de Provence à l'ail

*2 Knoblauchzehen, 1 TL Rosmarin,
1 TL Basilikum, 1 TL Thymian,
1/2 TL Oregano*

## Provenzalische Kräuter mit Knoblauch

Die Kräuter mit dem Knoblauch fein zerstoßen oder die Kräuter in der Gewürzmühle und Knoblauch mit der Presse zerkleinern; Salz und Pfeffer nach Geschmack, mit Olivenöl gut verrühren.

## Mélange à la marjolaine

*2 Teile Majoran, 1/2 Teil Muskatnuß
2 Teile Muskatblüte, 2 Teile Ingwer*

## Majoranmischung

Diese und die folgende Gewürzkräutermischung passen ausgezeichnet zu fettem Fleisch, z.B. zu Schweinefleisch.

## Mélange à la sauge

*2 Teile Salbei, je 1 Teil Pfeffer, Nelken,
Piment, Ingwer, trockene Zitronenschale*

## Salbeimischung

Auf 2 Teile getrockneten Salbei kommen 1 Teil Pfeffer, Nelken, Piment, Ingwer, trockene Zitronenschale.

## Assaisonnement pour viande hachée

*2 Teile Thymian, 1 Teil getrocknete
Zitronenschale, 1 Teil Nelken,
1 Teil Lorbeer, 1 Teil schwarze
Pfefferkörner, 1 Teil Piment,
1 Teil Origano*

## Hackfleisch-Gewürzmischung

Um Hackfleisch gut zu würzen, sei es für eine Farce oder um zu Nudeln zu servieren, nehme ich nebenstehende Gewürzmischung.

## Quatre épices

*125 g weißer Pfeffer, 10 g Nelken,
30 g Ingwer, 25 g Muskatnuß*

## Vier-Gewürz-Mischung

Diese Gewürzmischung taucht in den Rezepten häufig auf. Alle Gewürze fein mahlen – man kann ebensogut bereits gemahlene Gewürze verwenden – gut miteinander vermischen: trocken aufbewahren.

Mischungen, die sich für alle Fleischpasteten eignen.

## Fleischpasteten-Gewürzmischung

Alle Zutaten werden in der Gewürzmühle oder im Mörser fein zermalmt; trocken und gut verschlossen aufbewahren.

Alle diese Kräutermischungen kann man nach eigenem Geschmack und je nach Verwendung variieren. So gebe ich einer Mischung, mit der ich eine Wildpastete würze, einige Wacholderbeeren hinzu. Einer Pastete, die vorwiegend Schweinefleisch enthält, mehr Thymian oder Salbei.

## Mélange pour pâtés de viande

*1 TL schwarzer Pfeffer, 1 TL Piment, 1 Prise Thymian, 1 Prise Nelken, 1 Lorbeerblatt*
*oder:*
*5 Nelken, 20 g Origano, 15 g Kerbel, 20 g Salbei, 15 g Pfefferkörner, 2 Lorbeerblätter*
*oder:*
*jeweils 5 g schwarzen Pfeffer, weißen Pfeffer, Nelken, Muskatblüte, Thymian, Basilikum, Paprika, Ingwer, Rosmarin, 10 g Muskatnuß, 3 Lorbeerblätter*

## „Feine Kräuter“

Ebensohäufig liest man in den Rezepturen der feinen französischen Küche von *fines herbes*. Das ist eine Kräutermischung, die frisch besonders aromatisch ist. Damit ich einen Vorrat für den kräuterlosen Winter habe, pflücke ich die einzelnen Kräuter in entsprechender Erntezeit und lasse sie trocknen. Die Zusammenstellung kann ganz nach individuellem Geschmack sein. Ich wähle in der Mischung zum Trocknen weniger Estragon, dafür mehr Kerbel und Schnittlauch. Ansonsten nimmt man von allen Kräutern zu gleichen Teilen.

## Fines herbes

*Je 20 g Schnittlauch, Kerbel, Petersilie, Dill, Estragon*

## Kräutersträußchen

Das *bouquet garni* wird in nahezu allen Suppen und Gerichten verwendet, im Gulasch wie im Gemüseeintopf.
Die Zutaten werden zusammengebunden, während des Kochens hinzugefügt und vor dem Servieren entfernt.
Man sollte die Zusammenstellung des Kräutersträußchens ganz auf das zu bereitende Gericht abstimmen.

## Bouquet garni

*2 bis 4 Petersilienstengel, 1 Lorbeerblatt, 1 Zweiglein Thymian, und wenn man mag 1 Stange Lauch, (nur das Weiße der Lauchstange), Thymian oder Rosmarin.*

Im Sommer, wenn frische Kräuter überall zu erhalten sind, ist eigentlich jede Zusammenstellung glücklich.
Und nichts schmeckt köstlicher als ein frühlingsfrischer knackiger Salat mit den ersten Radieschen, einer *vinaigrette* mit viel frischem, ganz saftigen Knoblauch und einer Handvoll feingehackter frischgepflückter Kräuter.

Aber bleiben wir noch ein wenig bei der Konservierung der Kräuter, denn nicht alle aromatischen Pflanzen lassen sich durch Trocknen konservieren. Einige verlieren an Qualität oder werden gar bitter oder scharf.
Dill läßt sich haltbar machen, wenn man ihn mit Essig übergießt und marzerieren läßt. Dann können Essig sowie Blättchen als Würze dienen.

Bei einem Besuch bei Freunden an der Côte d'Azur lernte ich eine Konservierungsmethode des Basilikums kennen, die nachzuahmen sich lohnt.

## Basilic à l'huile d'olive

## Basilikum in Olivenöl

Basilikumblätter kurz in kaltem Wasser waschen und zum Trocknen an einem luftigen Platz ausbreiten. Anschließend fein zerreiben und nach und nach so viel Olivenöl hinzufügen, daß ein Brei entsteht. In ein Glas geben, mit Olivenöl bedecken und gut verschlossen im Kühlschrank aufbewahren. Es ist darauf zu achten, daß das Basilikum immer mit Öl bedeckt ist.
Estragon läßt sich trocknen, doch weitaus aromatischer bleibt er, wenn man ihn „einweckt". Man kann ihn ebensogut in gutem Weinessig einlegen.

## Estragon stérilisé

## Sterilisierter Estragon

Man nimmt die schönen Blätter und Spitzen der Estragonzweige, taucht diese für ungefähr 1/2 Minute in kochendes Salzwasser und schreckt mit kaltem Wasser ab. Die Blätter in ein kleines Glas geben, mit dem abgekochten Salzwasser auffüllen und sterilisieren. Für ein Viertelliterglas genügen ca. 5 Minuten bei 98°C.

## Estragon au vinaigre

## Estragon in Weinessig

Die Blätter und Spitzen der Pflanzen kurz waschen, zum Trocknen auf ein Tuch ausgebreitet an einen luftigen Ort legen. Die getrockneten Blätter in ein Gefäß schichten und mit 8 %-igem guten Weinessig bedecken. So hat man für den ganzen Winter Estragon mit vorzüglichem Bouquet.

Da ich ein großer Freund von Sauerampfer bin, habe ich mir eine Konservierungsmethode zu eigen gemacht, die auch von den Menschen auf dem Lande noch praktiziert wird.

## Oseille stérilisée

## Sterilisierter Sauerampfer

Sauerampferblätter kurz waschen und in wenig Salzwasser blanchieren. Abgießen, gut abtropfen lassen und in Gläser schichten und sterilisieren. Für 1 Glas mit 1/2 Liter Inhalt sollten 20 bis 25 Minuten bei 98°C genügen.
Der so eingelegte Sauerampfer eignet sich besonders gut für Suppen, könnte aber ebensogut jedes Omelette zieren.

# Moutarde et vinaigre
# Senf und Essig

Auch Senf gehört zur Kräuterfamilie. Nachdem ich gesehen habe, wie man ihn herstellt, möchte ich einige Rezepte weitergeben.
In traditionellen alten Rezepturen gibt es eine Vielzahl verschiedener Kompositionen. Schon in der Antike waren verschiedene Senfsorten bekannt; auch im Neuen Testament wird er beschrieben. Dem Senf werden verdauungsfördernde Eigenschaften zugeschrieben, er soll auch keimtötend wirken. Die berühmten Senfpflaster kennt wohl jeder.
Was ist Senf?
Senf ist ein Staudengewächs, das schotenartige Früchte trägt, in denen sich die Senfkörner befinden. Man unterscheidet weißen, schwarzen und braunen Senf. Die Schärfe des Senfs rührt vom großen Anteil an ätherischem Öl her, das jedoch erst zur Entfaltung kommt, wenn das Senfmehl in Verbindung mit Flüssigkeit gebracht wird. Der weiße oder gelbe Senf kommt aus dem Mittelmeerraum und ist bei uns der gebräuchlichste. Er ist milde, wohingegen der schwarze Senf scharf ist. Dieser kommt aus dem Orient und aus Asien, wird aber auch heute bei uns angebaut. Die Schärfe eines Senfs hängt vom Mischungsverhältnis des weißen oder schwarzen Senfs ab. Der braune Senf kommt ebenfalls aus dem Orient, wird jedoch kaum verwendet.
Die zu Mehl vermahlenen und mit verschiedenen Würzstoffen und Essig angerührten Senfkörner ergeben den heute gebräuchlichen Senf. Erste überlieferte Herstellungsmethoden stammen aus dem 13. Jahrhundert.

## Moutarde de ménage

*50 g weiße Senfkörner, 1/2 Glas Weinessig, Salz, Pfeffer*

## Haushaltssenf

Die Senfkörner läßt man über Nacht in gesalzenem Wasser aufquellen und am nächsten Morgen aufkochen. Nach dem Abkühlen die Flüssigkeit abgießen und die gequollenen Senfkörner im Mörser zu einer Paste zermalmen. In einer emaillierten Kasserolle Essig aufkochen lassen, abgekühlt tropfenweise unter Rühren solange dem Püree hinzufügen, bis der Senf die gewünschte Konsistenz hat. Mit Salz und Pfeffer würzen und in einem Glas verschlossen aufbewahren.

## Estragonsenf

In einer Glas- oder Porzellanschüssel wird das Pulver mit Weißwein vermischt.
Den Essig aufkochen lassen und den gehackten Estragon hinzufügen. Von dem abgekühlten, mit Estragon gewürzten Essig und dem Saft der Zitrone wird soviel dem Brei aus Senfkörnern hinzugefügt, bis die gewünschte Konsistenz erreicht ist. In ein Glas geben, 1 Woche ruhen lassen.
Im Kühlschrank ist der Senf über längere Zeit haltbar.
Unter Zugabe eines anderen aromatischen Krautes kann man den Senf variieren und einen anderen Kräutersenf herstellen.

## Moutarde à l'estragon

*50 g weißes Senfkorn-Pulver,*
*1 EL Weißwein, 1 EL Weißwein-Essig,*
*1 Estragon-Zweig, 1 EL Zitronensaft,*
*Salz, Pfeffer*

In der Provence werden aromatische Kräuter global *les simples* genannt, hier eine Mischung mit „den Einfachen“:

## Kräutersenf

Die Kräuter fein hacken, die Wacholderbeeren zerdrücken, zusammen mit dem Gelee vermengen, salzen und pfeffern. Unter Rühren das Olivenöl und die Senfkörner hinzufügen und zu einer feinen Paste vermengen. Nach und nach Essig bis zur gewünschten Konsistenz hinzufügen. Bis zum Verbrauch sollte man sich ca. 1 Woche gedulden.
Im Kühlschrank aufbewahren.

## Moutarde aux simples

*50 g Senfkörner, 1/2 Glas Weinessig,*
*1 EL Olivenöl, 1 Sträußchen Kerbel,*
*1 Zweig Basilikum, einige Fenchel-Ästchen, 2 bis 3 Wacholderbeeren,*
*1 Zweig Majoran, 1 EL Johannisbeer-Gelee, Salz und Pfeffer*

## Fenchelsenf

Senfkörner, Fenchel und Anis über Nacht in lauwarmem Wasser quellen lassen. Am nächsten Tag abgießen und im Mörser zermalmen, Öl und Zitrone unter Rühren hinzufügen, ebenso Weinessig bis zur gewünschten Konsistenz. Salzen, pfeffern, in ein Glas abfüllen und dicht verschließen. Bis zum Gebrauch 8 Tage ruhen lassen.

## Moutarde au fenouil

*50 g weiße Senfkörner, Saft einer Zitrone,*
*1 EL Olivenöl, 1 EL Fenchel, 1 Prise Anis,*
*Salz, Pfeffer, 1/2 Glas Weinessig*

Weil in der provenzalischen Küche alles – fast alles – mit Knoblauch zubereitet wird, darf ein *Moutarde d'ail,* ein Knoblauchsenf, nicht fehlen.

## Knoblauchsenf

Die Körner über Nacht in lauwarmem Wasser einweichen lassen. Am Morgen abgießen und in einem Mörser zermalmen, salzen und pfeffern, Olivenöl, die zerdrückte Knoblauchzehe und den Essig unter Rühren hinzufügen, bis die gewünschte Konsistenz erreicht ist. In ein Glas abfüllen und ca. 1 Woche bis zum Gebrauch kühl stellen. Auch weiterhin im Kühlschrank aufbewahren.

## Moutarde d'ail

*50 g Senfkörner, 1 EL Olivenöl,*
*1/2 Glas Weinessig, 1 Knoblauchzehe,*
*Salz und Pfeffer*

## Moutarde de Meaux

*50 g Senfkörner mit der Schote, 1/4 Glas Weinessig, ein wenig gemahlene Nelken und Zimt, Salz, Pfeffer*

## Senf aus Meaux

Senfschoten mit den Körnern über Nacht in lauwarmem Wasser quellen lassen. Am nächsten Tag abgießen, Schoten und Körner im Mörser zermalmen, mit den Gewürzen vermischen und unter Rühren den Essig bis zur gewünschten Konsistenz hinzufügen. In Gläser füllen und gut verschlossen einige Tage bis zum Gebrauch ruhen lassen.

Immer wieder wird in Rezepten die Zugabe von *Moutarde de Dijon* als Würzmittel erwähnt. *Moutarde de Dijon* ist ein scharfer, fruchtig-kräftiger Senf, der aus der Stadt Dijon in Burgund kommt. Alle meine Bemühungen an dieser Stelle das Rezept zu notieren scheiterten. Was ich erfahren konnte war, daß es ein Senf ist, der auf schwarzen Senfkörnern und einem Sauerwein basiert. Alles weitere bleibt secret, Geheimnis. Um mich zu trösten, erzählte man mir die Geschichte vom Senf aus Dijon. Danach soll ein Soldat Napoleons ihn aus dem Orient mitgebracht und in Dijon an einen Kaufmann weitergegeben haben.
Heute findet man ihn praktisch in der ganzen Welt. Sollten Sie dennoch nicht an *Moutarde de Dijon* kommen, so können Sie sich mit einem anderen scharfen Senf behelfen, oder wenn es das Rezept erlaubt, mit einer der angegebenen Senfsorten.

Per Zufall bin ich vor einigen Jahren an hausgemachten – selbsthergestellten – Essig gekommen. Eine Flasche guter Wein – ein Côtes du Rhônes übrigens –, von dem wir nur einige Gläschen getrunken hatten, stand völlig vergessen im Vorratsschrank. Beim Hausputz fand ich meinen Wein in vorzüglichen Essig verwandelt wieder.
Ich kostete, tatsächlich, ein feiner, aromatischer Essig.
Seitdem nehme ich alle Weinreste, schütte sie in einen "vinaigrier", den ich mir eigens dafür angeschafft habe und warte ab, bis sich die Verwandlung vollzogen hat, denn Essig ist nichts anderes als vergorener Wein. Das heißt, durch Oxydation verwandeln Essigsäure-Bakterien den Alkohol in Essigsäure. Es muß im übrigen kein vinaigrier sein, jedes irdene Gefäß eignet sich, sogar eine offene Weinflasche. Ein vinaigrier entspricht einem kleinen Bierfäßchen aus Ton oder Holz, es steht aufrecht auf vier Füßen. Der Zapfhahn befindet sich nicht wie beim Bierfaß im unteren Teil des Fäßchens, sondern im Mittelteil, denn es sollte immer ein Restessig oder die "mère", auf die ich später noch zu sprechen komme, verbleiben. Der Deckel schließt nicht dicht oder hat einige Löcher, damit genügend Luft eintreten kann und eine vollständige Oxydation möglich ist.
Schneller, einfacher und gründlicher wird die Verwandlung vollzogen, wenn man eine sogenannte "mère-vinaigre" verwendet, eine Essig-Mutter, die nichts anderes ist als bestimmte Bakterien-Stämme.
In der Provence kann man sie kaufen, in Deutschland ist dies sicher schwer möglich, aber man kann sich helfen, und selbst Essig-Mutter herstellen.

## Essigmutter mit Roggenbrot

## La mère au pain de seigle

*Rot- oder Weißwein je nach gewünschter Essigart, 1 Scheibe Roggenbrot*

Das Brot in eine Schüssel geben, mit Wein durchtränken und bedecken. Mit einem Leinentuch abdecken und ungefähr 1 Monat bei Zimmertemperatur stehen lassen. Der Wein sollte grau-glänzend sein.
Das Essiggefäß mit abgekochtem Wein gut ausspülen und sodann zwei Drittel mit Wein auffüllen, vorsichtig die mère in den Essigtopf geben. Sie darf nicht untergehen, sie muß schwimmen. Etwa einen weiteren Monat muß man sich nun gedulden, dann probiert man, ob der Essig den gewünschten Geschmack hat. Wenn ja, dann vorsichtig die Hälfte des Essigs über den Hahn ablaufen lassen. Die abgezapfte Menge wieder mit Wein auffüllen. Dabei ist äußerste Vorsicht geboten, denn die „Mutter" darf nicht beunruhigt werden. Am besten gelingt diese Prozedur, wenn man den Wein am Rand des Gefäßes hinunterlaufen läßt. Wichtig ist, daß das Gefäß nie mehr als ca. zwei Drittel gefüllt ist. Es muß noch genügend Platz für Luft sein, da sonst keine Oxydation eintreten kann.

Es gibt noch eine weitere Methode, Essig herzustellen:

## Essigmutter mit Salz

## La mère au sel

*1 Liter saurer Wein, 3 g schwarzer gemahlener Pfeffer, 50 g Salz*

In einer Kasserolle (die hundertprozentig in Ordnung sein muß und keine Absplitterungen und keine Risse aufweist) den Wein zum Kochen bringen, vom Feuer nehmen, Salz und Pfeffer hinzufügen. Wieder zum Kochen bringen, bis sich weißer Schaum bildet. Das Essig-Tönnchen mit diesem Wein etwas ausspülen. Danach den Wein einfüllen und an einen warmen oder sonnigen Platz stellen. Wenn der Wein Essiggeschmack annimmt, was nach ca. 3 Wochen der Fall sein wird, kann Essig abgezapft werden. Die abgezapfte Menge muß wiederum mit Wein aufgefüllt werden.

Verzichtet man auf den hausgemachten, selbst hergestellten Essig, sollte man beim Einkauf auf die genaue Herstellungsart und den Säuregehalt achten. Die Säureprozente sind nicht mit den Prozentanteilen des Weinessigs zu verwechseln.
Ich bevorzuge in der Küche einen guten Weinessig. Ob Rot- oder Weißwein-Essig ist Geschmackssache. Wichtig ist, daß er von bester Qualität ist. Denn ein guter Essig ist die Grundbedingung für eine wohlschmeckende Salatsauce.

In einem Land, das so reich an wildwachsenden Kräutern ist wie die Provence, parfümiert man den Essig gern mit Rosmarin, Thymian oder Bohnenkraut, ebenso mit Fenchel oder mit Origano. Man sollte immer nur kleine Mengen Essig würzen, denn das Aroma verflüchtigt sich nach 1-2 Monaten.

## Vinaigre de bonne femme

*1 l Weinessig, 40 g Holunderbeeren, 15 g feingehackten Schnittlauch, 15 g feingehackte Schalotten, 7 g zerdrückte Knoblauchzehen, 4 Nelken, 2 Estragonzweige, 4 g Pfeffer-minz*

## Essig nach Hausfrauenart

Alles in ein gut verschließbares Gefäß geben, ca. 2 Monate warm stellen, wenn möglich an einen sonnigen Platz. Filtern und in Flaschen abgefüllt aufbewahren.

Für eine Salatsauce eignet sich besonders ein Essig, der mit einem Kräuterbouquet gewürzt wurde.
Ein Bouquet aus Basilikum, Dill, Fenchel, Melisse, Kerbel, Estragon auf 1 Liter Weinessig, in ein gut verschließbares Gefäß geben und ebenso 2 Monate an einen warmen Ort stellen. Filtern und in Flaschen abfüllen.

## Vinaigre aromatisé aux herbes de Provence

## Provenzalischer Kräuteressig

Wenn möglich nur frische Kräuter verwenden.
In einer kleinen Flasche mehrere Zweige Rosmarin, Thymian, Bohnenkraut, ganz mit Weinessig bedecken und während ca. 4 Wochen mazerieren lassen. Den Essig filtern und gut verschlossen aufbewahren. Man kann auch nur eines der Kräuter wählen, nimmt dann aber entsprechend mehr Zweige.

## Vinaigre aux quatre arômes

*1 l Weißweinessig, 1 Bouquet aus Estragon, Basilikum, Petersilie und Bohnenkraut; vier Pimentkörner rot, vier Nelken, 20 g schwarze und weiße Pfeffer-körner*

## Essig mit vier Düften

Die Kräuter und Gewürze in ein Tongefäß geben, mit Essig bedecken und ca. 1 Monat mazerieren lassen. Filtern und in Flaschen abgefüllt aufbewahren.

Für einen Fischsud ist ein Weinrautenessig sehr zu empfehlen. Dazu nimmt man 1-2 Zweige auf 1 Liter Weinessig und verfährt wie in den oben angegebenen Rezepturen. Von feinstem Bouquet ist ein *vinaigre framboise,* ein Himbeeressig. Vorsichtig schüttet man die Himbeeren in ein Gefäß und füllt mit gutem Weinessig auf. Nach ca. 1 Monat durch ein Leintuch pressen und in Flaschen abgefüllt aufbewahren. Dieser Essig eignet sich besonders gut zum Würzen von Salatsaucen, die zu feinen zarten Salatblättern gereicht werden.

Und nun – wie nicht anders zu erwarten – ein Knoblauchessig:

## Vinaigre à l'ail

*1/2 l Weinessig, 1 bis 2 gehäutete Knob-lauchzehen, 1 kleine Zwiebel, 1 Lorbeer-blatt, 1 Estragonzweig, 2 Nelken, ein wenig Muskat und Salz*

## Knoblauchessig

Knoblauch und Zwiebel feinhacken, mit den anderen Zutaten in einen irdenen Topf geben, luftdicht verschließen und ca. 4 Wochen an einem warmen Ort oder in der Sonne mazerieren lassen. Filtern und in Flaschen abfüllen.
Im Rezeptteil finden sich Anregungen, den gewürzten Essig zu verwenden.

# L'ail, Knoblauch der Provence

Der Knoblauch ist der König unter den Gewürzen der provenzalischen Küche. Dabei kommt er aus Zentralasien und diente schon im 5. vorchristlichen Jahrhundert als Heilmittel gegen die verschiedensten Krankheiten.

In der Mythologie wird Knoblauch als Quelle der ewigen Jugend beschrieben, er bringt verlorene Kraft zurück und hält zudem böse Geister und auch Vampire fern.
Der Talmud empfiehlt den stetigen Genuß von Knoblauch, denn er sättige den Körper, gäbe dem Gesicht Klarheit, stärke die Manneskraft und vertreibe Parasiten aus dem Darm.

Bis heute wird der uns als eine der ältesten bekannten Heilpflanzen hochgeschätzte Knoblauch beachtet und findet in unseren Küchen nicht nur aus lukullischer Sicht seine Verwendung.
Bedingt durch die in ihm enthaltenen ätherischen Öle ist er reich an Glukose, Proteinen, Vitaminen, vor allen A, $B_1$, $B_2$ und C. Heilsam und wohltuend wirkt er sich bei Erkältungskrankheiten aus, ebenso bei Verdauungsschwierigkeiten. Er unterstützt die Durchblutung in koronaren Blutgefäßen, senkt zu hohen Blutdruck und ist bei Arteriosklerose zu empfehlen.

Als wir in die Provence kamen und aus einer Ruine ein Haus bauen wollten, aßen wir Knoblauch in jeder Form – daher rühren auch die vielen Rezepte. Denn, wenn schon in der vierten ägyptischen Dynastie Herodot seinen Sklaven Knoblauch als Stimulanz, als Förderung der Kraft beim Bau der Pyramiden, gab, so konnte dies gerade recht sein für unseren Hausbau.

Die großen Zehen des Knoblauchs, umhüllt von einem feinen Häutchen, dicht aneinandergeschmiegt zu dicken "tête d'ail"-Knollen von grau-weißer bis blaß-violetter Farbe, sind von mildem, würzigem Aroma. Vor allem die ersten frischen Zehen lassen sich zu köstlichem Gemüse verarbeiten.

Die Knoblauchernte verläuft in fröhlicher Stimmung, weil der frisch eingebrachte Knoblauch den Auftakt zur Sommerküche gibt. Die Erntezeit beginnt, wenn die Blätter zu welken beginnen. Die ganze Knoblauchstaude wird mit der Hand aus der Erde gezogen und auf einen Pritschenwagen geworfen. Nach der Ernte wird der Wagen unter ein Scheunendach, also an einen trockenen, luftigen Platz gestellt.
Wenn die Stauden mit den Knollen leicht angetrocknet sind und keine andere dringliche Arbeit vorliegt, werden Kinder, Großvater, Großmutter und Freunde, die ihre Hilfe angeboten haben, zusammengerufen. Man setzt sich unter die große Platane, die in jedem Hof steht, und beginnt den Knoblauch zu putzen. Die äußeren Blätter werden abgezupft, die bärtigen Wurzeln gesäubert und ein wenig gestutzt. Der Stiel bleibt unangetastet, denn anschließend werden die Knollen je nach Größe in verschiedene Kisten einsortiert. Später werden sie zu "chaîne d'ail", zu Knoblauchketten, oder zu "bottes", zu Bündeln, geflochten oder gebunden. Während der ganzen Zeremonie wird erzählt: Neuigkeiten im Dorfleben besprochen, diskutiert, ob der Wein gut wird, von einem Ausflug in die Nachbarschaft berichtet oder gar vom Sonntagsausflug ans Meer.

Von Juni bis in den August hinein finden Sie in vielen Orten der Provence Knoblauchmärkte, Märkte, auf denen nur Knoblauch zum Verkauf angeboten wird. Die Wochenmärkte sind erweitert um einige Knoblauchstände. Achten sollte man beim Kauf darauf, daß die Knoblauchknollen fest und von heller Farbe ohne Flecken sind.
Wenn wir bei Freunden auf dem Lande, bei Bauern, gegessen haben, sah ich oft, daß die Hausfrau kurz vor dem Servieren eine gepreßte Knoblauchzehe unter das Gericht gab, denn gekochter Knoblauch behält zwar seine Tugenden, verliert jedoch an Duft und Würzkraft. Einen bitteren, beißenden Geschmack bekommt der Knoblauch, wenn das Öl zu heiß ist und den Knoblauch verbrennt.
Der Vorrat für den Winter sollte nicht in der Küche lagern, da die durch Dampf entstehende Feuchtigkeit die Zehen vorzeitig zum Treiben bringt, was leider auch bei bester Lagerung im Laufe des Winters nicht ausbleibt. Die kleinen grünen Triebe müssen vor Gebrauch entfernt werden.
In einem Buch, in dem nahezu jedes Rezept Knoblauch verlangt, sollen Ratschläge zur Beseitigung der Nebenerscheinungen des Knoblauchessens nicht fehlen. Man hacke Knoblauch zusammen mit Petersilie, um den Geruch ein wenig zu mildern. Nach dem Essen kann man etwas Petersilie oder einige Rosmarin-Nadeln kauen. Ganz radikale Gegner zerbeißen Kaffeebohnen oder gar Gewürznelken, damit auch jeder gute Nachgeschmack eines köstlichen Essens vertrieben wird. Andere sagen, man solle ein Glas Milch trinken, wieder andere sind der Ansicht, ein Glas Wein sei wirkungsvoller. Nun, das wird jeder, wenn nötig, selbst herausfinden.
Kürzlich war in einer Berliner Zeitung zu lesen, daß nun Schluß mit der berüchtigten Fahne sei. Den Japanern soll die Züchtung eines geruchlosen Knoblauchs gelungen sein, der auch bei uns demnächst auf den Markt kommen soll.

# La truffe – oder das schwarze Gold

Der Kalender zeigte das Ende des trockenen Winters an, als ich unseren Nachbarn Fernand mit seinem Hund Lou-Lou traf. Fernand und Lou-Lou in Gemeinsamkeit bedeutete unzweifelhaft Trüffelsuche.
Da wir uns längere Zeit nicht gesehen hatten, ergab sich ein Gespräch über das übliche "comment ça va" hinaus. Fünf Trüffel hatte er in seinem "truffières", seiner Trüffeleichen-Anpflanzung, gefunden. Das weckte meine Neugier. „Fünf?", fragte ich nochmals, um auch sicher zu sein, richtig gehört zu haben. Er bestätigte und erzählte aus jenen Tagen, als man noch säckeweise den schwarzen Champignon fand.
Der königliche Pilz verschwindet ebenso wie die königlichen Majestäten, meinte er. Unerwartet lud er uns ein zu einer "brouillade de truffe". Ich war sehr erfreut, denn frische Trüffel hatte ich bis zu diesem Zeitpunkt noch nicht gegessen. Und, um ehrlich zu sein, gefiel mir an der Trüffel eigentlich nur der Name. Dem Ruhme des königlichen Schwarz mißtraute ich. Auch als ich bei Meissonnier "beignet de truffe" aß, konnte ich die Begeisterung jener nicht teilen, die diese schwarze Knolle adelten. Woran liegt der Rückgang der Trüffel? Fernand wußte die Antwort: „Schuld sind die veränderten Wetterlagen, die gerodeten Waldflächen, auf denen jetzt kleine Weinstöcke gesetzt sind, über die der Mistral gnadenlos hinwegfegt, die Erde ausdörrt und der Trüffel die lebenswichtige Feuchtigkeit entzieht."
Die von Fernand selbst bereitete *brouillade* wurde gereicht. Ein feiner, mir unbekannter würziger Duft nahm mich gefangen. Vergleiche mit anderen Düften halfen mir nicht weiter, ich mußte passen. Allein ihr Duft ist der Wert. Der schwarze feste Stoff nur Tresor. Nur die frische Trüffel kann ihre königlichen Tugenden entfalten. Einmal in eine kleine Dose verschlossen, verliert sie die Wildheit des Geschmacks. Nun wollte ich mehr über Trüffel erfahren und erhoffte mir dies durch Besuche der bekannten Trüffelmärkte von Carpentras, Uzès, Crest und Grignan. Fernand nannte mir die Hauptstadt des Trüffelmarktes, einen kleinen Ort in der Nähe von Valréas, im Departement Drôme im Norden der Provence. Er bemerkte noch, man solle zwischen zehn und elf Uhr dort sein. Aus gutem Grund, denn als erfahrener Marktgänger weiß man, daß in der Frühe die beste Auswahl am Gemüsestand zu finden ist, kamen wir schon vor der angegebenen

Zeit in dem kleinen Dorf an und fanden am Ende des entlaubten Platanenboulevards, am Tor der Templer, den Markt: Ein Stand mit winterlichem Gemüse, ein moderner Fleischstand auf Rädern und ein Blumenstand. Von Trüffeln keine Spur. Wir waren enttäuscht, nahmen aber die Situation wie sie war und schauten uns das Örtchen auf seine architektonischen Reize hin an. Sieht man die befestigte Stadtmauer, kann man auf eine bedeutsame Vergangenheit schließen.
Wir verglichen es mit anderen Burgdörfern der Provence, mit Gordes, Crest; dort müßte es vor dreißig Jahren ebenso ausgesehen haben. Verlassen, nur von Katzen besucht, hier und dort ein bewohntes Haus, Schilder "Maison à vendre". Wir vergaßen den Trüffelmarkt und träumten vom Wiederaufbau der Gemäuer. Die Glocke auf dem einst wohl bedeutendsten Stadttor, das mit einem Campanile, einem schmiedeeisernen Glockenturm, geziert wurde, schreckte uns auf. Es läutete zehn Uhr. Wir gingen noch ein wenig durch die Gassen und wollten dem Ort den Rücken kehren. Plötzlich tauchte vor uns ein kleiner Mann in typisch provenzalischem Blau mit Casquette auf. Er schwenkte ein kleines Leinensäckchen. Der Mann verschwand in dem kleinen Bistro an der Ecke. Davor lagen auf kleinen runden Marmortischen Handwaagen und Leinensäcke säuberlich zusammengefaltet. Im vollbesetzten Bistro saßen Männer bei schwarzem Kaffee in leidenschaftliche Gespräche vertieft. Die Glocke des Campanile schlug, wie in der Provence üblich, zum zweiten Mal.
Stühle wurden geschoben und scheinbar völlig teilnahmslos schlenderten einige der Männer hinaus, bauten sich an den verschiedenen Tischen auf, legten Leinensäcke bereit und überprüften die Waagen, die "balance romaine", wie man sie auf den Bauernmärkten benutzt. An einer Öse wird eine horizontale Stange, auf der die genauen Gewichtseinheiten eingeritzt sind, gehalten. An einem Ende der Stange hängt ein Fleischerhaken, an dem die Ware in einem Leinensack angehängt abgewogen wird. Auf der Stange wird ein geeichtes Gewicht so lange verschoben, bis die Balance erreicht ist. Nervöse Spannung kam auf. Wir waren Beobachter eines ungeahnten Marktgeschehens, waren Zeugen, wie der seltene Champignon zum schwarzen Gold wurde. Die Straße wurde belebt. Männer mit Händen in ausgebeulten Jackentaschen stellten sich in Gruppen zusammen und schienen nichts anderes im Sinn zu haben, als sich zu unterhalten, andere kamen mit blauen Leinensäcken in der Hand die Straße hinunter, gingen zielstrebig auf einen der Tische zu und reichten den Männern neben den Tischen, den Händlern oder Maklern, wie wir schnell feststellen konnten, den gefüllten Beutel. Dieser nahm ihn entgegen, hängte ihn an den Haken seiner "romaine" nannte das Gewicht und bezahlte aus dem dicken Portefeuille den Marktpreis des Tages. Andere schlenderten vorbei, Taschen oder Beutel in der Hand, schauten sich um, schienen unsicher. Händler gingen auf die Unentschlossenen zu, nahmen die Trüffeln in Augenschein und überprüften die Qualität durch einen kurzen Nageldruck ins Trüffelfleisch. Mancher „Kunde“ wurde abgelehnt, er versuchte sein Glück beim Nächsten. Die Händler kennen ihre Kunden. Wir beobachteten voller Spannung den Handel, es wurde lebhaft, jedoch nie laut. Eine ungewöhnliche Stille für einen Markt.
Die Händler beobachteten uns zurückhaltend, doch nicht uninteressiert, und wir beobachteten sie, rückten näher, wenn ein Bauer mit einem Beutel ankam, und wen-

deten uns ab, wenn der Handel begann. Die verschiedenen auf der Straße stehenden Gruppen redeten noch immer, es gesellten sich neue hinzu, der eine oder andere hatte sich für einen Händler entschlossen, mit dem er ins Geschäft kam. Bald war es zwölf Uhr, die Trüffelsäcke unter den Tischen waren prallgefüllt. Es kamen nur noch wenige Bauern, die unermüdlichen Redner trennten sich und wurden schließlich handelseinig. Allmählich löste sich die Spannung. Die konkurrierenden Händler redeten nun gelöst und lauter als zuvor miteinander. Sie kamen auf uns zu und befragten uns neugierig, denn wir waren auf dem Markt die einzigen, die nicht vom Fach waren. Sie sprachen nun leidenschaftlich von Trüffeln, öffneten die kleinen Säcke, aus denen sich das würzige Bouquet der Trüffel sogleich entfaltete und der ganzen Straße einen betörenden Duft verlieh, einen Duft, den ich einfach nicht beschreiben kann, "l'odeur de truffe".

Trüffel, lateinisch Tuber melanosporum, gehört zur Gruppe der Schlauchpilze. Eigentlich ist die Trüffel ein Schmarotzer, freundlicher ausgedrückt hieße es, sie lebt in Symbiose mit den Wurzeln der "chêne vert", der grünen Eiche. Die Tuber melanosporum, – die Schwarze Trüffel oder Echte Trüffel – auch bezeichnet als "truffe noire du Périgord" und in der Provence als "rabasso negro", ist von bester Qualität. Ihre schwarzglänzende Haut ist uneben, wie mit kleinen mehreckigen Warzen übersäht. Die Form kann rund, oval oder irregulär sein, da sie sich der umgebenden Erdstruktur anpaßt. Die Größe schwankt zwischen Tauben- und Gänseei. Das Fruchtfleisch ist bei voller Reife von blauschwarzem Schwarz, netzartig durchzogen von hellen Adern, die sich bei Luftzutritt rötlich verfärben, eingerahmt von durchscheinenden Linien, ein untrügliches Zeichen der Echtheit der schwarzen Trüffel.
Es gibt eine Vielzahl Verwandter, jedoch minderer Qualität. Tuber brumale – die Wintertrüffel – wird häufig mit der Schwarzen Trüffel verwechselt, ihr Aroma ist weniger stark, jedoch nicht unangenehm. Tuber uncinatum, "truffe grise", "truffe d'automne", graue Trüffel, Herbsttrüffel: Die äußere Haut ist weniger schwarz, im Laufe ihres Wachstums verändert sie die Farbe des Fruchtfleisches, von weiß nach bräunlich schwarz. Das Aroma ist weitaus weniger parfümiert, aber angenehm, jedoch nicht mit der Schwarzen Trüffel zu vergleichen. Der Handel mit den zuletzt genannten beiden Trüffeln ist verboten, weil sie nicht als echte Trüffel verkauft werden dürfen. Tuber Magnatum, den man in Norditalien in Piemont erntet, ist bei voller Reife von einem hellen Gelb. Das Aroma ist angenehm, zu vergleichen mit dem des Knoblauchs, der Duft ist stark, hat jedoch nichts mit einer echten Trüffel gemein außer einer Familienzugehörigkeit.
Dann sei noch die "truffe d'été", Sommertrüffel, Tuber aestivum erwähnt, die man auch "truffe St. Jean" nennt. Ihr Fleisch ist graubräunlich, ihr Aroma ähnelt dem eines Champignons. Geerntet wird sie in der Bourgogne, in Mittelfrankreich, in Italien und sogar in Paris. Man nennt sie in der Provence "rabassu maienco", oder "la maianenquo", den Maipilz.
Die Trüffel, die für die Küche wirklich interessant ist, ist die Schwarze Trüffel, die "truffe du Périgord". Die Bezeichnung "Périgord" will nicht besagen, daß die Trüffel

aus dem Périgord kommt, es ist vielmehr eine botanische Namensbezeichnung.
Die Schwarze Trüffel findet man im Périgord natürlich, dann noch im oberen Teil der Languedoc, bis ins Vivarais, ebenso in der Dauphiné, in Comtat und in der Haute-Provence.
Der qualitativ beste Pilz entwickelt seine kostspieligen schwarzen Knollen im Drôme-Gebiet, in der nördlichen Vaucluse, und im Périgord.
Sein Lebenspartner ist eine bestimmte Eichenbaumart, an deren Wurzeln er gedeiht; die unterirdischen Keime verbinden sich als Sporen mit den feinen Haarwurzeln der Eiche, dann kann sich die Trüffel bis zu ihrer Selbständigkeit entwickeln. Genau genommen ist sie eine Krankheit des Baumes, der aber mit seiner Krankheit prächtig lebt und gedeiht. In kostspieligen Versuchsreihen bemüht man sich hinter die geheimnisvolle Herkunft und das Wachstum der Trüffel zu kommen. Bisher ohne Erfolg: die Trüffel läßt sich nicht kultivieren – noch nicht, und es macht mich froh, daß es noch Dinge gibt, die der Mensch nicht nach seiner Willkür verändern kann, weil hier die Geheimnisse der Natur stärker sind.
Baumschulen verkaufen zwar sogenannte "truffiés", die mit "mycéliums de truffe", Eichenbäume, die mit Sporen der Trüffel geimpft sind, jedoch ist der direkte Nachweis für den Erfolg kaum möglich, da die Bäume mindestens zehn Jahre alt sein müssen, bevor sie „Früchte“ tragen. So ist und bleibt es eine Glückssache, ob eine Anpflanzung den erwünschten Erfolg, das schwarze Gold, in sich verbirgt. Die Chance, nach der Pflanzung geimpfter Eichen tatsächlich Trüffel zu ernten, liegt bei 40 %, d.h. 30 % höher, als bei nichtgeimpften Bäumen. Hinzu kommt, daß wichtige Voraussetzungen für das Wachstum der Trüffel gegeben sein müssen. Sie benötigt einen kalkhaltigen Boden, Licht und Sonne und eine mittlere Höhenlage. Je optimaler ihre Umgebung, desto besser ihre Qualität. Diese hängt auch davon ab, wie tief die Trüffel in der Erde wächst. Zwischen 10 und 20 cm findet sie die besten Voraussetzungen für ein gutes Gedeihen.
Im April beginnt ihr Wachstum. Der "trufficulteur" – der Trüffelbauer – beobachtet genau seine Eichenpflanzungen. Sieht er, daß unter den Bäumen die Erde wie verbrannt scheint, ohne jedes Wachstum von Gräsern und Kräutern, so sagt ihm das, daß die "truffière" ihre Produktion beginnt, was jedoch nicht sicher heißen will, daß er in ca. 8 Monaten dort erfolgreich graben kann. Aber es könnte sein…
Die genaue Ursache, warum die Pflanzen absterben, konnte bislang noch nicht eindeutig geklärt werden, es wird jedoch in Zusammenhang mit dem Mycélium gebracht. Man nennt diese verbrannten Stellen auch "ronds de sorcières", Hexenkreis. Kommt die Zeit der Reife, so beginnt die schwarze unterirdische Knolle ihren Duft zu entwickeln. Der aufmerksame "caveur" (kommt aus dem lat. caver – creuser = graben) beobachtet eine Vielzahl von kleinen Fliegen, die unruhig unter der Eiche über einer bestimmten Stelle hin und her fliegen, ein weiteres Zeichen, daß sich hier Trüffel verbergen.
Das alles ist hilfreich bei der Suche nach dem kostbaren Schwarz, jedoch wäre die Suche um ein vielfaches mühseliger und sicher weniger erfolgreich, wenn man nicht Nasen, die um etliches sensibler sind als die der Menschen, zur Hilfe nähme: die des Schweines und die des Hundes.

Diesem moschusähnlichen Duft haben wir es zu verdanken, daß die schwarzen Knollen, die frischgeerntet wie Erdäpfel aussehen, die Freude des Gourmets werden konnten. In Périgord verwendet man zur Trüffelsuche Schweine, die diesem Duft aus lauter "gourmandise", aus Freßgier folgen. Sie suchen sie eigentlich für sich.
Es erfordert schon einige Geschicklichkeit, das so in freudiger Erregung scharrende Schwein von seiner Beute wegzulocken. Der caveur bedient sich zu dieser meist ein wenig groben Handlung eines Eisenstockes, mit dem er das Schwein zur Seite zu drängen sucht. Einige aus seinem Brotbeutel genommene Eicheln oder eine Handvoll Maiskörner auf den Boden geworfen, kommen ihm dabei zu Hilfe. Das Schwein läßt sich ablenken, und der Trüffelbauer kann in Ruhe die Trüffel ausgraben. Das Schwein erinnert sich übrigens der Orte oder der Umgebung, wo es bereits einmal gegraben hat. Die Eicheln oder den Mais empfindet es als Beute und begibt sich freudig wieder auf die Suche.
Da haben es die Trüffelsucher in den übrigen Landstrichen, in denen dieser Schlauchpilz wächst, einfacher. Sie gehen mit Hunden, die sie für diese Arbeit abgerichtet haben, auf Trüffelsuche. Der Hund lernt, wie das Schwein, die Trüffel zu suchen. Hat er Witterung, so steht er vor und weist seinem Herrn, indem er mit der Pfote scharrt und freudig mit dem Schwanz wedelt, den Platz, wo die Trüffel zu suchen ist. Er sucht für seinen Herrn, er will ihm gefallen, wogegen das Schwein aus rein egoistischen Motiven hinter der verborgenen Köstlichkeit her ist. Kürzlich fand man eine weitere Erklärung für die Anziehung, die der Duft der Trüffel auf das weibliche Schwein ausübt. Sie glauben in dieser Trüffel die Sexualsignale eines Ebers zu spüren. Armes Schwein, möchte man sagen, ein Betrug in doppelter Hinsicht.
Die Schweine müssen übrigens ebenso geschult werden wie die Hunde, obwohl es ihrer Natur entspricht, sich in dieser Weise ihre Nahrung zu suchen. Ihre Nasen müssen an den Duft der Trüffel gewöhnt werden, und zu Beginn der Arbeit muß es seine Funde einige Male fressen dürfen, um so recht auf den Geschmack zu kommen.
Ganz anders liegt da die Sache beim Hund. Gelehrig, gehorsam, seinem Herrn ergeben, ist er bemüht, ihm zu gefallen, zu Diensten zu sein. Er sucht und arbeitet nicht für sich, er arbeitet um ein Lob, um die Anerkennung seines Herrn. Fernand schilderte uns, wie eine solche Dressur vor sich geht: Lou-Lou, seine Hündin, ging schon als junger Hund (mit ihrer Mutter) auf Trüffelsuche. Sie kannte das Geschäft, durfte aber nie mitarbeiten, da die Mutter eifersüchtig und mehr oder weniger böse die ihr zustehende Aufgabe verteidigte. Lou-Lou trollte sich ein wenig abseits durch das niedere Gehölz, Mutter und Herrn wachsam im Auge. Sie erschien unbeteiligt, hatte jedoch ständig die Nase auf der Erde und trainierte. Als ihre Mutter starb, kam die große Stunde. Fernand richtete sie ab. Zuerst mußte sie auf der Erde liegendes Brot finden, dann kam zu dem Brot eine Trüffel, dann wurde das Brot entfernt, und sie mußte nur die Trüffel finden. Tat sie das, so wurde die Trüffel ein wenig vergraben, arbeitete sie gut, bekam sie als Belohnung ein Stück Brot. Sie lernte schnell. Als es schließlich soweit war und die Trüffelzeit anbrach, durfte sie ihre Fähigkeiten beweisen. Das Gesicht zum Wind, die Nase auf der Erde, lief sie hin und her, bewegte sich im Kreis, lief wieder zurück, bis sie endlich stillstand, der Schwanz bewegte sich lebhaft, die Vorderpfoten scharrten die

Erde auf, sie sah ihren Herrn freudig an und wartete, bis dieser mit dem "caver", einem Stock mit einer Klinge, die Trüffel ausgegraben hatte. Ein Stückchen Brot belohnte sie für ihre Arbeit, und schon lief sie mit der Nase auf dem Boden weiter.
Inzwischen muß sie ihren Aufgabenbereich gegen ihren Sohn verteidigen, sie macht es mit derselben Strenge und Konsequenz wie ihre Mutter, und der Sohn wandert wie sie seinerzeit scheinbar desinteressiert mit.
Auf die Frage, warum man hier mit Hunden und nicht mit Schweinen auf Trüffelsuche ginge, meinte Fernand, „ach wissen Sie, es war noch nie anders, ich weiß nicht warum, weiß nicht, ob es einen besonderen Grund hat. Aber es ist doch angenehmer, mit einem Hund im Auto zu fahren und einen Hund an der Leine zu führen als ein Schwein".
Im übrigen liebt er es, mit seinen Hunden durch das Gehölz zu gehen, er hängt an ihnen. Um ehrlich zu sein, meinte er, bräuchte er keinen Hund zur Trüffelsuche. Durch jahrelanges Training und aufmerksames Beobachten würde er selbst die Trüffel wittern. Aber er wolle seinen Hund nicht kränken, also ließe er alles beim alten.
Gemeinsam ist übrigens Hund und Schwein, daß sie nur reife Trüffel ausgraben.

Da die Trüffel wie alle Pilze sehr schnell an Qualität einbüßen, müssen sie unverzüglich von den Händlern oder Maklern weitergeleitet werden. Der größte Teil der Trüffel geht an Fabriken, die die schwarze Kostbarkeit in Dosen konservieren, andere gehen je nach Qualität an Fabriken, in denen die von bester Qualität mit Gänseleber verarbeitet werden oder die von minderer Qualität anderen Pasteten, vor allem Wildpasteten, ihre Würze geben. Zuerst müssen sie jedoch gebürstet und gewaschen werden, um sie von Erdkrumen zu reinigen, dann werden sie per Hand sortiert und in verschiedene Kategorien ihrer Qualität entsprechend aufgeteilt. Die beste Qualitätsbezeichnung heißt "sur choix", die Trüffel muß von gleichmäßiger Rundung und Mindestgröße ohne Einkerbungen und schwarz sein.
Die Bezeichnung „extra" verdient die Trüffel, die ebenfalls eine Mindestgröße aufweist, ebenso schwarz ist, jedoch Unebenheiten in der Form und leichte Einkerbungen haben kann.
„Erste Wahl" bezeichnet die Trüffel von mehr oder weniger schwarzer Farbe, mehr Unregelmäßigkeiten in der Form und größere Einkerbungen.
Dann folgen noch Bezeichnungen wie „Trüffel in Stückchen" oder „Trüffelschale" und „Bruchtrüffel". Die letzten werden in Pasteten von geringem Preis verarbeitet.

Schmunzeln muß man, hört man alten Trüffelbauern zu, wenn sie von Märkten in früherer Zeit und von den Möglichkeiten, Trüffelfälschungen an den Mann zu bringen, berichten. Um das Gewicht ein wenig zu manipulieren, wurden die Einkerbungen der Trüffel mit feuchter schwarzer Erde zugeschmiert oder gar die Trüffel mit Schrotkörnern gespickt. Eine in feuchte Erde gerollte Eierkohle wurde auch gerne zwischen die Trüffel gepfuscht. Die Händler revanchierten sich, indem sie ein wenig an ihrer "romaine", an ihrer Waage manipulierten. Der Pfusch ging weiter, in den Konservenfabriken wanderten oft schwarze Oliven oder eine schwarzgefärbte Knetmasse anstelle einer Trüffel in die Büchse, in Pasteten kamen in feine Scheiben geschnittene schwarzgefärbte Karotten zu unverdienter Ehre. „Aber heute, heut ist das nicht mehr möglich", sagen die Leute.

Von jeher wurden Gesetze erlassen, die die Anpflanzung, das Recht der Suche, die Behandlung und den Verkauf der Trüffel streng reglementierten. Gesetze, die selbst die Zeiten der Suche begrenzten. Jedes Département oder früher jede Baronnie hatten eigene Regelungen, die sich zum Teil wenig verändert bis in die heutige Zeit erhalten haben. So durfte früher in kommunalem Gelände von jedermann Trüffel gesucht werden. Als jedoch der schwarze Pilz goldähnliche Preise erzielte, änderten die Gemeinden kurzerhand die Gesetze und verkaufen heute für teures Geld das Recht, sich auf abgegrenztem Gebiet auf Trüffelsuche zu begeben. Auf privatem Grund gehört das Recht, die Früchte des Bodens zu ernten, dem Eigentümer. Und derjenige, der seinen Sonntagsspaziergang unbedingt mit einem Schwein an der Leine machen möchte, sollte sich vor den durch Plaketten kenntlich gemachten privaten Eichenwäldern hüten, denn es gibt Gesetze, die dies verbieten oder bei Zuwiderhandlung mit empfindlichen Strafen ahnden. Auch sollte man kein Schwein und keinen Hund frei herumlaufen lassen, denn sie wären zum Abschuß frei.

In der heutigen Zeit sollten wir nicht glauben, den Wohlgeschmack der Trüffel für uns entdeckt zu haben. Erste bildliche Darstellungen finden sich schon 2.000 Jahre vor Christi im ehemaligen Mesopotamien.
Griechen und Römer schätzten gleichermaßen die duftende Köstlichkeit, in Schriften von Plinius und Plutarch beschwärmt. Und nicht erst heute muß man die Trüffel teuer bezahlen. Vor hundert Jahren gab ein Gourmet für eine getrüffelte Gänseleber 600 Francs aus, sagte man mir. Die Preise stiegen und fielen mit dem Wohlstand und der Nachfrage, hielten jedoch ständig ein gewisses Preisniveau. Vor hundert Jahren brachte 1 Kilo Trüffel zwischen 10 und 55 Francs, zehn Jahre später nur bis zu 20 Francs, dagegen in den Zwanziger Jahren bis zu 160 Francs. Von nun an kletterten die Preise kontinuierlich in die Höhe. Selbst der Zweite Weltkrieg brachte keinen Preissturz. 1944 wurde die Trüffel mit 300 bis 500 Francs gehandelt, in den Fünfziger Jahren bis zu 3.000 Francs, in den Sechziger Jahren bis zu 25.000 Francs. Zur Zeit liegt der Preis unter Händlern bei 100.000 Francs. Ich habe diese Preise auf das Niveau des alten Francs gesetzt, um die Entwicklung vergleichen zu können. Ein interessantes Beispiel ist der Vergleich von Öl und Trüffel. Ich spreche vom Heizöl, das in den letzten Jahren eine unerhörte Preissteigerung erfahren hat: 1968 kostete eine Tonne Heizöl 17.000 Francs. Ein Kilo Trüffel zwischen 17.000 Francs und 25.000 Francs. 1981 kostete dieselbe Tonne Heizöl 22.000 Francs, die Trüffel dagegen 100.000 Francs.
Und das schwarze Gold wird immer seltener und damit immer teurer werden, denn die Produktion wird geringer. Teilweise sicher durch die veränderte Wetterlage, wie Fernand schon sagte, vielleicht auch durch Umweltveränderungen und Einflüsse, die der sensible Pilz nicht überdauern kann.

# L'olivier
# Der Olivenbaum

Der Olivenbaum gehört zur Provence wie der Pont du Gard, das Glanum von St.-Rémy, das Théâtre antique von Orange, Cézanne zum Mont St. Victoire, van Gogh nach Arles und Petrarca nach Fontaine-de-Vaucluse.

Bereits von den Griechen angepflanzt, bedeutete der Olivenbaum für weite Teile der Provence Wohlstand. Jahrhundertealte knorrige Stämme aus ockerfarbenem steinigem Boden ragend, vor coelinblauem Himmel mit grausilbrig schillernden Blättern, flimmernde Hitze und der Gesang der Zikaden, der Duft der "herbes aromatiques", die man übrigens auch "les bonnes humeurs de la terre" nennt, das ist Provence. Sie kann aber auch ganz anders sein, nämlich hart und rauh. Im Jahre 1921 und 1956 hat ein eisiger Wind und anhaltender Frost viele Olivenbäume zerstört. Man findet daher in der Vaucluse, der nördlichen Provence, kaum noch ausgedehnte Olivenhaine, nur dort, wo das Land geschützt war, konnte der Wind nichts vernichten, wie in der Nähe von Bédoin am Fuße des Mont Ventoux. Es vergeht mehr als eine Generation, bevor ein Olivenbaum Früchte trägt. Der, der ihn pflanzt, muß mit seiner "terre", seinem Boden, verwurzelt sein. Beim Wein ist es ähnlich, die besten Trauben trägt der Weinstock von dreißig Jahren. Der Vater pflanzt für seinen Sohn und dessen Sohn. So haben sich die Traditionen halten können, und sie verlieren sich erst dann, wenn der Mensch nur an sein begrenztes, kurzes Leben denkt.
Die Oliven reifen zum Winter, die Ernte beginnt Mitte bis Ende Oktober. Dann werden die grünen, eigentlich unreifen Oliven geerntet. Zum Ende des Jahres, wenn die Oliven mehr und mehr reifen, verändern sie ihre Farbe. Wenn sie schwarz-violett sind, werden sie als schwarze Oliven geerntet. Hiervon singt schon der Poet der Provence Fréderic Mistral, der von 1830 bis 1914 in Maillane gelebt hat, in dem Poème "les Olivades", wenn er sagt: „Das Wetter, das kalt wird, und das Meer, das schäumt, all das zeigt mir, daß der Winter bald für mich beginnt, und daß ich ohne Verzögerung meine Oliven ernten muß, um jungfräuliches Öl am Altar Gottes darzubieten."
Die Oliven wurden einzeln Stück für Stück mit der Hand gepflückt, und in einen "canesteu", einen kleinen geflochtenen Weidenkorb, gelegt. Die erste Technisierung

war eine Holzstange, die ähnlich einem Kamm Zähne hatte. Die Zweige des Baumes wurden „gekämmt“, die Oliven fielen auf ein am Boden ausgebreitetes Tuch. Sicher ging es schneller, doch wurden viele neue Triebe, die im folgenden Jahr Früchte getragen hätten, verletzt. Heute setzt man auch hier moderne Technik ein, wie eine Schüttelmaschine, die am Stamm oder an den Ästen angebracht die mühsame Pflückarbeit übernimmt.
In früheren Jahren war die Olivenernte ein Fest. Nach getaner Arbeit gab der Patron, der Besitzer, als Zeichen seiner Dankbarkeit für die eingebrachte Ernte für alle, die mitgeholfen hatten, unter den Olivenbäumen ein Festessen, ein Aïoli.
Danach wurden die geernteten Oliven zur “moulin à huile“, zur Ölmühle, gebracht. Während Mahlsteine sich drehten und die Oliven zu einem Mus zermahlten und schwere Gewichte aus dem Mus das Öl, “l’huile d’olive vierge”, das jungfräuliche Öl, herauspreßten, wurde *la roustido* vorbereitet: Ein in Scheiben geschnittenes Landbrot wurde im Holzfeuer gegrillt und kräftig mit Knoblauch abgerieben, darauf wurden Anchovisfilets zerrieben, und wenn das erste Olivenöl aus der Zentrifuge lief, tauchte man seine Brote hinein.
Es ist schade, daß sich dieser Brauch nicht erhalten konnte. Es existieren kaum noch diese kleinen Ölmühlen, sie mußten den Großunternehmen weichen, doch einige haben wir noch entdeckt. Eine dieser Mühlen, die im Gegensatz zu anderen Mühlen mehr als nur eine Woche im Jahr ihre Tore geöffnet hat, steht unweit von Carpentras in Richtung zum Mont Ventoux in dem kleinen hübschen Ort Caromb. Unterhalb der Kirche findet man auf der rechten Seite eine moulin à huile. Nach außen hin weist bis auf ein Schild an der Straße nichts darauf hin, daß hier eine Ölmühle arbeitet. Sie sieht eher wie ein Lagerhaus aus. Aber gehen Sie hinein, man wird Sie gerne bedienen. Hier gibt es ein aromatisches, kräftiges Öl, von dunkler, olivgrüner Farbe. Nehmen Sie einen “bidon”, einen kleinen Kanister, mit nach Hause, denn ein gutes Olivenöl ist die Basis vieler provenzalischer Gerichte, wie auch einer jeden guten Salatsoße. Es verleiht ihnen im Zusammenspiel mit den aromatischen Kräutern und dem Knoblauch das unvergleichliche Aroma. Im übrigen ist es ein sehr gut verträgliches Öl, da es rein von chemischen Zusätzen ist.
In der traditionellen provenzalischen Literatur wird immer wieder von Olivenöl, Oliven, Aïoli und aromatischen Pflanzen berichtet, oder sie werden in Gedichten besungen, denn es war im täglichen Leben in der Provence durchaus nicht selbstverständlich, an diesen Genüssen teilzuhaben.
Auch der spanische Philosoph Unamuno sagte: „Die Welt teilt sich in zwei Lager. Die Grenze verläuft irgendwo an der Seite der Loire. Südlich dieser Linie leben die kleinen dunklen Menschen, die eine Küche mit Öl essen, es sind die Götter. Nördlich dieser Linie sind die Menschen blond und essen eine Küche mit Butter… und was sind sie? Es sind Eskimos!“
Dieser Satz könnte ebensogut von einem provenzalischen Dichter oder Philosophen stammen. Die Provenzalen setzen die Grenzen nur noch enger, denn alles was nördlicher als Montélimar wohnt, “Ce sont les étrangers”, sind Fremde.

# L’huile d’olive vierge
# Jungfräuliches Olivenöl

Gemeint ist damit das Öl erster Kaltpressung, unter leichtem Druck der Gewichte herausgepreßt. Es ist unbedingt auf diese Bezeichnung zu achten, denn es werden als Olivenöl Produkte angeboten, die diese Bezeichnung nicht verdienen, da sie nichts mehr mit dem hocharomatischen “l’huile d’olive vierge” gemein haben. Da lohnt es sich etwas tiefer in die Tasche zu greifen, um wahrhaft gute Qualität zu erhalten.
Ich habe einige Male gesehen, wie Frauen ein Fläschchen Olivenöl aus dem großen “bidon” abgefüllt haben und mit verschiedenen Kräutern würzten. Ein bis zwei Zweige einer aromatischen Pflanze werden in einen halben Liter Olivenöl gegeben, man läßt sie einige Tage mazerieren, je nach gewünschter Geschmacksintensität, filtert das Öl ab und bewahrt es gut verschlossen auf.

## L’huile au romarin

*Ein bis zwei Zweige frischen Rosmarin,*
*einen halben Liter Olivenöl*
*ca. 10 Tage mazerieren lassen und filtern*

## Rosmarinöl

Dieses Öl eignet sich, je nach Geschmack vorzüglich für Salatsoßen oder zu Marinaden, aber auch für etliche Gemüsegerichte. Man kann anstelle des Rosmarin ebensogut Thymian, Bohnenkraut oder Lorbeerblätter nehmen. Will man ein Öl mit einem reichen Bouquet, so würde ich vorschlagen:

## L’huile aux herbes de Provence

*Je ein Zweiglein frischer Thymian,*
*Rosmarin, Sariette (Bohnenkraut),*
*1 Lorbeerblatt, 5 ganze Knoblauchzehen,*
*1 Liter Olivenöl*

## Provenzalisches Kräuteröl

Das Kräuterbouquet und die Knoblauchzehen in ein Gefäß geben, das Öl hinzufügen und je nach Geschmack mazerieren lassen. Am besten, man kostet zwischendurch einmal. Nach ca. 10 Tagen dürfte es den gewünschten aromatischen Geschmack haben. Das Öl filtern und gut verschlossen aufbewahren.

# Les Olives, les légumes et les fruits en conserves
# Eingelegte Oliven, Gemüse, Früchte

Wenn Sie Ihr Weg einmal in die Provence führt, so versäumen sie nicht auf einem der Märkte einen Olivenstand aufzusuchen. In großen Eichenfässern wird eine Vielzahl verschiedener Oliven angeboten, grüne, grünlich-bräunliche und schwarze in allen Größen, verschieden aromatisiert.
"Olives vertes", "picholines" oder "olives vertes cassées", oder "au fenouil".
"Olives niçoises" sind die kleinsten schwarzen Oliven, sie kommen aus Nizza.
"Olives piquantes", pikant gewürzte Oliven sind mit Knoblauch und Piment eingelegt. Oliven die mit anderen provenzalischen Kräutern gewürzt sind heißen "olives aux herbes de Provence". Die Oliven aus Nyon sind klein und schrumplig, sie werden nach ihrer Herkunft "olives de Nyon" genannt. Die großen fettreichen schwarzen Oliven, die den griechischen ähneln, nennt man "à la grecque".

Man probiert die verschiedensten Früchte auf den Märkten und wählt dann seinen Wochenbedarf aus.

Viele Hausfrauen, sicher alle Familien die auf dem Lande wohnen, besuchen zur Zeit der Olivenernte den Markt, um frische Oliven zu kaufen, die sie dann selber einlegen. Warum sollte sich der europäische Markt nicht soweit ausdehnen, daß man auch in nördlichen Breiten frische Oliven kaufen kann, wenn man sich heute schon an Kirschen und Erdbeeren bei eisigem Januarwetter in den Markthallen und Gemüsemärkten erfreuen kann.

Die hellgrünen, eigentlich noch unreifen Oliven haben einen leicht bitteren Geschmack. Sie eignen sich wie die schwarzen Oliven erst nachdem sie eingelegt wurden zum Verzehr. Man legt sie nach folgenden Rezepten ein:

## Grüne eingelegte Oliven

## Olives picholines

Diese Oliven sind schon weitergereift, sie sind dicker und von einem satteren Grün. Sie werden für einen halben Tag in einer 10 %-igen Sodalösung eingelegt und anschließend wässert man sie während mehrerer Tage, in denen das Wasser immer wieder gewechselt werden muß. Die abgetropften Oliven in ein irdenes Gefäß geben. Eine 10 %-ige Salzlake (100 g auf 1 Liter) gewürzt mit Fenchel, Lorbeer und Koriander zum Kochen bringen und erkaltet über die Oliven geben. Kühl lagern. Nach 10 Tagen müßten die Oliven schmecken.

Die schwarzen, reifen Oliven sind ebenfalls bitter, jedoch öliger. Man kann sie nicht roh, ohne entsprechende Zubereitung essen.

Für die folgende Konservierungsmethode eignen sich besonders gut dicke, ölige, reife Oliven.

## Gewürzte Oliven

## Olives piquées

Die Oliven werden jede mit einer Gabel mehrmals angestochen und in ein irdenes Gefäß gegeben, darüber reichlich Salz und etwas Pfeffer gestreut und an einen kühlen Ort gestellt. Jeden Tag müssen die Oliven in ihrem Gefäß geschwenkt und geschüttelt werden. Nach ca. 10 Tagen probieren Sie die Oliven, sollten sie immer noch bitter sein, so müssen Sie sich noch einige Tage gedulden. Wenn sie Ihnen jedoch schmecken, dann schütten Sie die sich angesammelte Flüssigkeit ab, geben ein Zweiglein Thymian und Rosmarin, ein Lorbeerblatt und soviel Olivenöl hinzu, daß alle Oliven, nachdem man das Gefäß mehrmals geschwenkt hat, mit einer feinen Schicht Öl bedeckt sind.

Man kann auch getrocknete Kräuter wie Thymian, Rosmarin oder Bohnenkraut, vielleicht je 1 - 2 Zweiglein auf 1 Pfund Oliven zwischen den Händen zerrieben darüberstreuen, es verteilt sich dann besser.
Diese Art Oliven zuzubereiten ist eine recht mühselige Arbeit, die jedoch durch einen hohen Genuß belohnt wird. Zumal die Geduld nicht allzusehr auf die Probe gestellt wird, da man die so zubereiteten Oliven sofort essen kann und in Ruhe abwarten kann, bis die Oliven, die nach den folgenden Rezepten eingelegt wurden, zum Verzehr bereit sind. Die Haltbarkeit der *Olives piquées* ist begrenzt und man sollte nicht allzuviele Oliven in dieser Form verarbeiten.

## Oliven mit provenzalischen Kräutern

## Olives aux herbes de Provence

*100 g Oliven, 1 TL herbes de Provence, 4 EL Olivenöl*

In einem verschließbaren Gefäß oder Tontöpfchen die Oliven mit den Kräutern vermischen. Das Olivenöl darübergießen und einige Tage bis zum Gebrauch stehen lassen. Wer mag, kann eine Knoblauchzehe feingepreßt mit unter die Oliven mischen.

## Olives piquantes

*100 g schwarze Oliven, 1 kl. rote Pfefferschote, frisch gemahlenen schwarzen Pfeffer, einen halben TL herbes de Provence oder einen halben TL Thymian*

## Pikante Oliven

Die Oliven ebenfalls in ein verschließbares Gefäß schichten, die Pfefferschoten fein zerschnitten darübergeben, ebenso den schwarzen Pfeffer und den Thymian bzw. die Kräuter. Mit Olivenöl begießen und einige Tage vor Gebrauch stehen lassen.

## Melons au vinaigre

*3/4 l Weißweinessig, 1 Melone (reife Honigmelonen oder Melonen von Cavaillon), ca. 8 Pfefferkörner, 4-6 Nelken, 1 Zimtstange, 60 g Zucker, 1 Prise Salz*

## Melonen in Essig

Die Melonen halbieren, die Kerne entfernen, das Fruchtfleisch in Stücke schneiden. Alle Zutaten mit den Melonenstücken in ein Gefäß schichten, mit Essig bedecken, gut mischen, damit sich der Zucker auflöst. Nach 1 Monat können Sie versuchen, ob die Melonen den gewünschten Geschmack haben.

## Noix vertes au vinaigre

*600 g grüne Walnüsse (sie müssen noch weich sein, man muß mit einer Nadel hindurchstechen können), 3/4 l Weinessig, 1 Lorbeerblatt, 1 Nelke, 1 Thymianzweig, 3 Pfefferkörner, 1 Prise Salz, 1 Prise Zucker, ein wenig Olivenöl*

## Grüne Nüsse in Essig

Während 3 Stunden die Nüsse in kaltem Wasser wässern, anschließend ca. 3 Minuten in gesalzenem Wasser aufkochen. Abtropfen lassen, trocknen, Zutaten und Nüsse in ein Glasgefäß schichten, mit Essig bedecken. Vorsichtig eine feine Schicht Olivenöl darübergießen.

Nun muß man sich bis in den nächsten Winter gedulden, um die Früchte seiner Arbeit zu kosten, aber es lohnt sich.

## Champignons de paris au vinaigre

*500 g kleine Champignonköpfe, 1/4 l Weinessig, 1/8 l Branntweinessig, 1 Nelke, etwas geriebenen Ingwer, 1 kl. Prise Zimt, einige Pfefferkörner, 1 Zweiglein Estragon, 1 Knoblauchzehe, 1 Lorbeerblatt, 1 Thymianzweig, Salz und Pfeffer*

## Champignons in Essig

Die Champignons putzen und unter fließendem Wasser waschen, abtropfen lassen, mit reichlich Salz bestreuen und ca. 1 Stunde stehen lassen. (Man kann die Champignons auch in Salzwasser blanchieren) Abschütten und in ein Gefäß mit den übrigen Zutaten schichten. Mit Essig auffüllen und verschlossen ca. 2 Monate ziehen lassen.

## Mixed pickles

Die Gemüse putzen, in Scheiben bzw. in Streifen schneiden, je nach Geschmack und Wunsch. 2 Tage in Salzwasser legen. Abgießen und in ein Gefäß schichten. Mit Essig und Salzwasser zu gleichen Teilen auffüllen, Koriander und Piment zugeben. Verschlossen 1 Monat aufbewahren, dann sollte man probieren. Zum Apéritif oder mit Wurst bzw. Pasteten als Vorspeise servieren.

## Variantes au vinaigre

*200 g Karotten, 200 g weiße Rüben, 200 g Blumenkohlrößchen, 200 g Fenchelknolle, 200 g Selleriestaude, 200 g grüne Bohnen, Salz (einen EL pro 1 dl Wasser), Branntweinessig zu gleichen Teilen wie Wasser, etwas Koriander, Piment, Salz*

## Kirschen in Essig

Kirschen waschen, die Stiele stutzen. Mit einer Nadel die Kirschen mehrmals anstechen. In ein Gefäß schichten, dazu einige Zweige Estragon geben, einige Pfefferkörner hinzufügen, Weinessig mit Salz (20 g Salz auf 1 Liter Essig) aufkochen und ca. 15 Minuten kochen lassen. Erkaltet über die Kirschen geben und gut verschlossen kühl aufbewahren.

## Cerises au vinaigre

*Ca. 2 kg Kirschen, 1 l Weinessig, Estragon, Pfefferkörner, Salz*

## Kirschen süß – sauer

Die Kirschen waschen, trocknen, den Stiel bis auf einen Zentimeter stutzen, mit einer Nadel die Kirschen anstechen. Essig mit dem Zucker und den Gewürzen zum Kochen bringen, wieder abkühlen lassen, die Kirschen zufügen, 24 Stunden ziehen lassen, dann wieder aus dem Essig nehmen und den Essigsud nochmals erhitzen und aufkochen lassen. Nach dem Erkalten die Kirschen in ein Glas schichten, mit der Essiglösung und dem Alkohol übergießen. Nach ca. 3 Monaten können die Kirschen verzehrt werden.

## Cerises à l'aigre doux

*ca. 3 kg Kirschen, 1 1/2 l Weißweinessig, 1/8 l 90%-igen Alkohol, ca. 1 kg Zucker, 4 Nelken, 1 kleine Zimtstange, etwas Muskatnuß*

# Des soupes, des potages et des bouillons dans la cuisine provençale
# Suppen und Brühen in der provenzalischen Küche

Als "soupe" wird solche Suppe bezeichnet, die die Zutaten, mit denen sie gekocht ist, im einzelnen erkennen läßt, z.B. Gemüsewürfel oder Fischstücke usw. Eine "potage" ist eine Suppe, in der alle ihre Zutaten feinpüriert sind. Die Bouillon ist eine klare Fleischbrühe mit oder ohne Einlage.
Die Suppen nehmen einen wichtigen Platz in der ruralen, ländlichen Küche ein. Die "paysans", die Bauern, lebten sehr einfach. Kamen sie abends müde und hungrig von der täglichen, harten Arbeit zurück, so aßen sie eine Suppe und begaben sich zur Ruhe. Die Bewohner der Vaucluse, meist Bauern und auf dem Lande Lebende, haben einen Spitznamen: "Manjo-brigadeu" (mangeurs de bouillie) „Suppenesser". Ich habe öfter auch andere Bezeichnungen gehört, wie z.B. Feigenesser, Kartoffelesser. Man muß es so verstehen, die Bewohner der nördlichen Provence waren arm und aßen das, was ihnen der Boden gab.

Ich kann diese, wenn auch vielleicht zu damaliger Zeit erzwungene Gewohnheit nur teilen, und wir sind zu leidenschaftlichen Suppenessern geworden. Vor allem, wenn der Mistral versucht durch Fenster und Türen hindurchzuschlüpfen und selbst im Sommer Unbehaglichkeit und manchmal sogar auch Kälte verbreitet.

Besonders beliebt sind Suppen oder Potagen aus wildwachsenden Kräutern, die leider mehr oder weniger dem Frühling vorbehalten sind, im Sommer einfache Gemüsesuppen, mit reichlich Knoblauch gekocht, die über ein geröstetes, in Olivenöl getauchtes Brot gegeben werden. Als besondere Zugabe und Würze ein wenig geriebenen Cantal oder Gruyère und Salbei. Im Winter wird dann das frische Gemüse durch getrocknete Hülsenfrüchte ersetzt, die Suppen werden kräftiger und derber.

Im Frühjahr, wenn die ersten Blättchen und Kräutchen sprießen, sollte man mit offenen Augen durch die Landschaft gehen. Es findet sich Löwenzahn, Sauerampfer, Pimpinelle, Taubnessel und natürlich Brunnenkresse, als eines der ersten Kräuter, das im Frühling schon recht üppig wächst.

Wir haben vor Jahren per Zufall eine Quelle unweit von Lagarde Adehémar im Val de nymphe, im Tal der Nymphen, entdeckt. 100-jährige Eichen, umrankt von Efeu, verdecken zum großen Teil das Gemäuer eines Klosters aus dem 12. Jahrhundert. Aus Funden weiß man, daß das Heiligtum schon bei den Kelten bestanden hat und im Laufe der Zeit von verschiedenen Kulturen als Kultstätte übernommen wurde, bis zur letzten Besiedlung durch christliche Mönche.
An dieser Stelle, da, wo das Wasser aus dem Felsen tritt und zunächst in ein flaches Becken fließt, fand ich die aromatischste Brunnenkresse und pflückte ein Körbchen voll davon. Wieder im Hause, bereitete ich noch am selben Abend eine *Soupe au cresson de fontaine.*

## Brunnenkressesuppe

## Soupe au cresson de fontaine

*ca. 250 g Brunnenkresse, 1 kleine Zwiebel, 1 l Wasser oder Bouillon, 2 Eigelb, ca. 50 g Butter*

Die Brunnenkresse waschen und putzen, d.h. nur die Blättchen abzupfen und feinhacken. Kleine zarte Stiele können mitgehackt werden. Die feingehackte Zwiebel in Butter glasig dünsten, dann die Kresse (einen kleinen Rest zur Dekoration zur Seite stellen) hinzufügen, andünsten und mit Wasser oder einer leichten Bouillon auffüllen, ca. 5-8 Minuten zugedeckt kochen lassen. Vom Herd nehmen, mit Salz und Pfeffer abschmecken und mit Eigelb legieren. Vor dem Servieren die frischen Kresseblättchen über die Suppe streuen.

Da wir in unserem Sammeleifer viel zu viel Brunnenkresse gesammelt hatten, kochte ich am nächsten Tag eine *Potage au cresson de fontaine,* eine von meiner Familie bevorzugte Variante.

## Brunnenkressesuppe

## Potage au cresson de fontaine

*ca. 250 g Brunnenkresse (von groben Stengeln und Wurzeln befreit), eine Kartoffel geschält und in Stücke geschnitten, ca. 50 g Butter, 1 kleine Zwiebel feingehackt, ca. 1 l Hühnerbrühe, 3 EL crème fraîche, Salz und Pfeffer*

Die Butter in einem Topf schmelzen und darin die Zwiebel glasig dünsten, Kartoffel und Brunnenkresse hinzufügen, kurz anschmoren lassen und mit der Bouillon auffüllen. Mit Salz und Pfeffer abschmecken, zum Kochen bringen und zugedeckt ca. 10 Minuten köcheln lassen. Im Mixer pürieren, *crème fraîche* unterrühren und nochmals aufkochen lassen. Mit feingehackter frischer Kresse bestreut servieren.

## Estragonsuppe

## Potage à l'estragon

*150-200 g trockene grüne Erbsen, 4 EL frische Estragonblättchen, ca. 1 l leichte Hühnerbrühe, 3 EL Crème fraîche (wer mag) Salz, Pfeffer*

Die Erbsen über Nacht in Salzwasser einweichen. Am nächsten Morgen abschütten und mit dem Estragon in der Brühe weichkochen. Im Mixer pürieren, *crème fraîche* unterrühren und servieren.
Dazu kann man kleine *croûtons* servieren.

Eine im Geschmack ebenfalls sehr feine Suppe ist die *Soupe aux orties,* die Brennesselsuppe, die vielleicht mancher aus den Nachkriegsjahren in weniger glücklicher Erinnerung hat, dennoch ist sie eine Köstlichkeit.

## Soupe aux orties

*250 g der feinen Brennesseltriebe, 1 Zwiebel feingehackt, 30 - 50 g Butter oder 3 - 4 EL Olivenöl, Salz und Pfeffer*

## Brennesselsuppe

In Olivenöl oder Butter die Zwiebel glasig dünsten, die Brennesseln feingehackt hinzufügen und ca. 5 Minuten andünsten lassen. Mit 1 Liter Wasser oder Brühe auffüllen. Ca. 20 Minuten kochen lassen. Mit Salz und Pfeffer abschmecken, wer mag etwas Butter oder *crème fraîche* hinzufügen und servieren. Sie können diese Suppe nach gleichem Rezept zubereiten wie die *Potage au cresson de fontaine.* Finden sie auf ihrem Spaziergang genügend Sauerampfer, so läßt sich nach den eben beschriebenen Rezepten eine köstliche Sauerampfersuppe zubereiten.

Eine ausgesprochene Sommersuppe ist die *Soupe au pistou,* die in der Familie oder im kleinen Freundeskreis als Abendessen gereicht wird. Sie ist zwar nicht provenzalischen Ursprungs. Sie kommt aus Genua, aber man zählt sie heute zu den typisch provenzalischen Gerichten.

## Soupe au pistou

*500 g grüne Bohnen in Stücke geschnitten, 3 - 4 Kartoffeln in Scheiben geschnitten, 2 - 3 Tomaten gehäutet, entkernt und geviertelt, 250 - 300 g große Fadennudeln, 100 g geriebenen Gruyère*
*Pistou: 3 Knoblauchzehen, 2 Basilikumzweige, 4 EL Olivenöl*

## Gemüsesuppe mit Basilikum

In einer großen Kasserolle das Wasser mit den Bohnen, Kartoffeln, Tomaten zum Kochen bringen. Mit Salz und Pfeffer abschmecken. Wenn das Gemüse fast gar ist, die Fadennudeln hinzufügen und weitergaren.
Die Pistou anrühren. Den Knoblauch in einem Mörser fein zerreiben, das Basilikum feingehackt hinzugeben und mit dem Knoblauch vermengen. Langsam, nach und nach das Olivenöl unterrühren. Eine Suppenkelle voll Suppe zu der Pistou rühren und vermischen. Diese Pistou in die Suppenterrine geben, mit geriebenem Käse bestreuen und die Suppe darübergeben. Vor dem Servieren mit dem Löffel kräftig umrühren.

Ein anderes Rezept beschreibt, die Suppe ohne Zugabe von Tomaten zu kochen, statt dessen die Tomaten gehäutet, entkernt und feingehackt roh mit der Pistou zu vermengen, Ich habe es probiert, es ist sehr erfrischend.

"L'ourteto" heißt im provenzalischen „kleiner Garten", und alles das, was in diesem kleinen Garten wächst, kommt in eine Suppe, die natürlich *L'ourteto* heißt. Es ist eine Gemüsesuppe, die ein familiäres Abendessen darstellt, und eben ganz besonders gut im beginnenden Sommer ist.

## L'ourteto

*Jeweils eine Handvoll: Spinat, Sellerie-staude, Sauerampfer, Lauch, eine kleine Zwiebel, 2 Knoblauchzehen, 4 Eier, 4 Scheiben Weißbrot, etwas Olivenöl, Salz und Pfeffer*

## Gemüsesuppe

In ca. 1 1/2 Liter Wasser, den feingeschnittenen Spinat, Sauerampfer, Sellerie und Lauch zum Kochen bringen. Mit Salz und Pfeffer abschmecken. Knoblauch und Zwiebel in feine Scheiben schneiden und hinzufügen und gar kochen lassen. Wenn das Gemüse gar ist, den Suppentopf von der Flamme nehmen. Die Eier zum pochieren einzeln über den Rand des Topfes in die Suppe gleiten lassen. Besser geht es, wenn man die Eier in eine Untertasse gibt und langsam in die Suppe gleiten läßt. Die in Butter gerösteten Weißbrotscheiben in die Suppenterrine oder auf die Teller legen, mit wenig Olivenöl beträufeln und die Suppe mit den Eiern darübergeben.

Ich habe dieses traditionelle Gericht ein wenig verändert, versuchen Sie es.
Die feingehackte Zwiebel und den feingehackten Knoblauch in wenig Butter oder Olivenöl andünsten und sobald sie glasig sind das geputzte und feingeschnittene Gemüse hinzufügen. Einige Minuten unter Rühren anschmoren lassen und mit ca. 1 1/2 Liter Bouillon oder mit Wasser auffüllen. Salzen und pfeffern.
Sobald das Gemüse gar ist, in der Suppe die Eier pochieren, wie bereits oben beschrieben, und einige Minuten zugedeckt stehen lassen. Man kann auch weichgekochte Eier in die Suppe geben oder nur mit 2 Eigelben legieren.
Weißbrot rösten, leicht mit Knoblauch abreiben und in den Suppenteller geben, mit einigen Tropfen Olivenöl beträufeln, das pochierte Ei darauflegen und die Suppe darübergeben.
Wenn man nicht das Brot in die Suppenschüssel geben möchte, kann man auch geröstetes Brot dazu reichen, sollte aber einige Tropfen Olivenöl in die Suppe geben.

Eine weitere Variationsmöglichkeit wäre, die Suppe wie in *Soupe au cresson de fontaine* beschrieben zuzubereiten. Wenn das Gemüse gar ist, die Suppe in den Mixer geben, *crème fraîche* hinzufügen und pürieren, eventuell noch mit einem Eigelb legieren. Dazu würden *croûtons,* mit Knoblauch abgeriebene Broteckchen vorzüglich munden.

Was mich immer wieder begeistert, ist der Ideenreichtum, mit dem der tägliche Speiseplan aufgestellt wird, indem Gerichte, Suppen und Soßen im Alltag unter Hinzunahme von „Resten“ zu neuen Speisen werden.
Das Grüne der Lauchstangen, Salatblätter, die für einen angemachten Salat zu grob sind, Selleriegrün, alles findet sich in irgendeiner Form, verwandelt und verzaubert auf dem Tisch wieder, meist eben in einer Potage. In Olivenöl mit einer kleinen Zwiebel angedünstet, mit Brühe oder Wasser aufgegossen, durch die Gemüsemühle gedreht oder im Mixer püriert wird dieser Resttopf zu einer cremigen Potage. Ein wenig *crème fraîche,* ein Eigelb und schon können Sie eine Köstlichkeit servieren. Ich habe eine Salatsuppe notiert, die ebenso mit Kerbel, Spinat, Mangold, zartem Kohlrabigrün oder Radieschenblättern zubereitet werden kann.

Zum Andicken dieser Suppen, will man sie pürieren, empfiehlt es sich, eine Kartoffel, in Scheiben geschnitten, mitkochen zu lassen.
Zu diesen Suppen schmeckt eine in Butter geröstete Weißbrotscheibe ausgezeichnet oder Brotbröckchen in Butter geröstet.

## Endiviensuppe

## Soupe à la chicorée

*Eine glattblättrige Endivie, 1 kleine Zwiebel feingehackt, 30 g Butter, 1 Eigelb*

Den Salatkopf in kleine Streifen schneiden, waschen und gut abtropfen lassen. In einer Kasserolle in wenig Butter andünsten, mit Brühe auffüllen und ca. 10 Minuten köcheln lassen. Die Brühe mit einem Eidotter legieren. Weißbrotscheiben in Butter rösten und wenn man mag mit Knoblauch einreiben. In den Suppenteller legen und die Suppe darübergeben.

Ausgesprochene Wintersuppen sind die aus getrockneten Hülsenfrüchten. Häufig werden Erbsen, Kichererbsen, Bohnen, Mais oder Linsen zu feinem Mehl gemahlen und zu einer *Soupe de bastoum,* einer *Soupe au bâton,* gekocht.
Ein Lorbeerzweig, ein "bâton", mit dem die Suppe umgerührt oder der der Suppe beigefügt wird, gibt ihr diesen Namen. Diese Suppen sind nahrhaft und kommen noch aus einer Zeit, die kaum frisches Gemüse im Winter kannte, haben heute aber eigentlich keine Berechtigung mehr in einer zeitgemäßen Küche, zumal sie tatsächlich nur nahrhaft und nicht sehr schmackhaft sind. Aber der Vollständigkeit halber möchte ich sie notieren.

## Stocksuppe

## Soupe au bâton

*ca. 11/2 l Wasser, 500 g Kichererbsenmehl oder Mehl anderer Hülsenfrüchte, 1 Salbeizweig, 2 - 3 Knoblauchzehen, ca. 2 EL Olivenöl, 1 Lorbeerzweig zum Umrühren der Suppe*

Das Wasser mit den Knoblauchzehen und dem Salbei in einem Kessel zum Kochen bringen. Das Mehl in reichlich Wasser aufquellen lassen und in das kochende Wasser geben. Salzen und pfeffern nach Geschmack, das Olivenöl hinzugeben und ca. 30 Minuten köcheln lassen. Mit kleinen, in Butter gerösteten Weißbrotwürfelchen oder mit *croûtons* servieren.

Weißbrot wird reichlich zur Suppe gegessen. Ist die Suppe nicht dick genug, wird Brot in Brocken hineingegeben, haben sich diese so richtig vollgesogen, ist es gerade recht. Wie ein Nachbar mir erzählte, war Brot bis vor wenigen Jahren, was so ungefähr 60 Jahre heißt, das Hauptnahrungsmittel der ländlichen Küche. Eine Mahlzeit ohne Brot war keine Mahlzeit, man war nicht zufrieden und nicht satt, zumal Fleisch etwas außergewöhnliches war, das hauptsächlich an Sonn- und Feiertagen gereicht wurde. Ich erinnerte mich an diese Gerichte, als eine Freundin unserer Tochter zu Gast bei uns war. Ich hatte ein familiäres Essen zubereitet, mit Suppe, Gemüse und Fleisch, dann Salat und Käse und zum Abschluß Obst. Als ich die Suppe, eine leichte Kressesuppe servierte, bröckelte Françoise Berge von Brot in ihre Suppe. Ich fürchtete um unseren Brotbestand und sagte vorsichtig, sie solle sich doch noch etwas Platz für das restliche Menü lassen. Sie war dann auch nach dem Gemüse satt. Später hörte ich, daß Kinder selten vom Fleisch etwas bekommen, das ist den Erwachsenen vorbehalten.

Eine andere Wintersuppe, die vor allem auf dem Lande gegessen wird, ist die

## Soupe aux châtaignes

*750 g trockene Kastanien, 1 Tasse Reis, 3 Lauchstangen, 3 EL Olivenöl, Salz und Pfeffer*

## Kastaniensuppe

Die Kastanien von ihrer äußeren Schale befreien, in heißes Wasser legen oder kurz aufkochen lassen, damit man die feine Innenhaut abziehen kann.
In kaltem, gesalzenem Wasser aufsetzen und während ca. 1 Stunde kochen lassen. Währenddessen den Lauch putzen – verwenden Sie nur das Weiße der Lauchstange – in feine Ringe schneiden und zu der Suppe geben, ebenso den Reis und garkochen lassen. Kurz vor dem Servieren das Olivenöl hinzufügen. Falls die Kastanien nicht zerfallen sind, eventuell pürieren.

## Soupe au farci

*250 g gemischtes Hackfleisch, 1 Semmel, 5 Knoblauchzehen feingehackt, 1 Zwiebel feingehackt, Salz, Pfeffer, ein wenig Thymian, Lorbeer, Petersilie 1-2 Eier, etwas Milch, ca. 1 1/2 l Bouillon, mehrere blanchierte Weißkohlblätter oder Salatblätter*

## Suppe mit Einlage

Die Semmel in heißer Milch aufweichen und mit dem Fleisch, den Knoblauchzehen, den Zwiebeln, den Eiern, Salz und Pfeffer gut vermengen. Die Fleischfarce in einer Pfanne von beiden Seiten goldbraun braten. Wenn sie Farbe angenommen hat, in blanchierte Weißkohlblätter oder auch Salatblätter einwickeln und in einer Bouillon (Fleisch- oder Gemüsebouillon) ca. 20 Minuten kochen. Um der Suppe beim Servieren ein besseres Aussehen zu geben, habe ich die traditionelle Zubereitungsart ein wenig abgeändert. Die angebratene Farce in mundgerechte Portionshappen in Salatblätter oder Weißkohlblätter einwickeln, ca. 10 Minuten in der Suppe mitkochen lassen.
Will man eine kräftigende Abendmahlzeit zubereiten, so nimmt man anstelle der Bouillon eine Gemüsesuppe mit verschiedenen Gemüsen, in der die Klößchen gekocht und mitserviert werden.

Zwiebelsuppen sind durch Paris-Reisen hinlänglich bekannt geworden. Hier habe ich zwei Rezepte notiert, wie sie in der Provence zubereitet werden.

## Soupe à l'oignon

*4 Zwiebeln feingehackt, 50 g Butter, 1 EL Mehl, 1 l kochendes Wasser, Salz und Pfeffer, eine Prise Muskat, 1 zerdrückte Knoblauchzehe, 1 EL Cognac, 4 EL Olivenöl, 4 Scheiben Weißbrot, 100 g geriebener Käse (Gruyère)*

## Zwiebelsuppe

In einer Kasserolle die Zwiebeln in der Butter glasig dünsten, mit Mehl überstäuben und anschwitzen lassen, nach und nach kochendes Wasser zufügen, würzen und auf kleiner Flamme ca. 30 Minuten köcheln lassen. Knoblauch, Cognac und Muskat hinzufügen. Brotscheiben in Olivenöl knusprig backen, mit Knoblauch einreiben. Die Brotscheiben in den Suppenteller geben, den Käse darüberstreuen und mit Suppe auffüllen.

## Gratinée au comté

*4 Zwiebeln (ca. 400 g), 60 g Butter, 2 gehäufte EL Mehl, 1-1 1/2 l Wasser, 2 dl trockener Weißwein, Bouquet garni, 200 g Comté oder Emmentaler, 4 Scheiben Weißbrot, 1 Knoblauchzehe, Salz und Pfeffer*

## Gratinierte Zwiebelsuppe

Die Zwiebeln in feine Scheiben schneiden und in Butter goldgelb andünsten, mit Mehl überstäuben und Farbe nehmen lassen. Dann mit Wein und Wasser auffüllen, würzen, das *bouquet garni* hinzufügen und eine halbe Stunde auf kleiner Flamme kochen lassen. Wenn Sie möchten, so können Sie die Suppe durch ein feines Sieb streichen oder im Mixer pürieren. Den Comté – sollten Sie keinen bekommen, so nehmen Sie einen guten Emmentaler – in feine Streifen schneiden, die Brotscheiben grillen und mit Knoblauch abreiben. Die Zwiebelsuppe in backofenfeste Suppenschalen füllen, das mit dem Käse belegte Brot obenauf legen und überbacken.
Dazu wird Stangenweißbrot und ein kräftiger, trockener Rotwein gereicht.
Anmerkung: Emmentaler ist übrigens geschmacklich vorzüglich, der Nachteil ist, daß er erwärmt Fäden zieht.

Zum Schluß, bevor ich zu Fisch- und Muschelsuppen komme, eine Suppe, die herzhaft und würzig ist, eine *Soupe courte.* Warum diese Suppe so heißt, konnte mir niemand sagen. Aber gut ist sie, und es lohnt sie auszuprobieren. Es ist eine Suppe, die als Hauptgericht gereicht wird.

## Soupe courte

*4 Lammkoteletts (wenn möglich doppelte Lammkoteletts sonst pro Person zwei kleinere), 1 EL Schmalz, 100 g durchwachsener magerer oder frischer gepökelter Speck, 1-2 Zwiebeln, 250 g Reis oder Nudeln, 1 Prise Safran, 2 Nelken, 1 Bouquet garni aus Sellerie, Lauch, Thymian, Lorbeerblatt; Salz und Pfeffer*

## Kurze Suppe

Die Lammkoteletts in einer Kasserolle mit Schmalz von beiden Seiten anbraten, die feingehackte Zwiebel hinzufügen und kurz anschmoren. Mit ein wenig Bouillon oder Wasser ablöschen, salzen und pfeffern und zugedeckt gar schmoren. Wenn das Fleisch gar ist, 1 1/2 Liter heißes Wasser hinzugeben und zum Kochen bringen. Reis oder Nudeln, das *bouquet garni,* die Prise Safran und Nelken hineingeben und wenn nötig mit Salz und Pfeffer nachwürzen und weitere 20-30 Minuten kochen lassen.
Das *bouquet garni* entfernen und Fleisch und Suppe getrennt servieren.
Einen noch würzigeren Geschmack bekommt die Suppe, wenn Sie vor dem Servieren eine Mischung aus 2-3 Knoblauchzehen in 3-4 Eßl. Olivenöl zerdrückt, mit wenig frisch gemahlenem, schwarzem Pfeffer gewürzt und 2 Eßl. geriebenem Käse hinzugeben.

Die Küstenküche der Côte d'Azur hat eine Vielzahl von verschiedenen Fisch- oder Muschelsuppen. Jede Stadt, jedes Dorf seine eigenen, speziellen Rezepte. Die wohl bekannteste ist die "bouillabaisse" und die "bourride", deren Zubereitungsart hier an dieser Stelle nicht wiederholt werden sollen. Ich darf auf "La cuisine provençale" verweisen. Die Qualität einer Fischsuppe hängt von der Zusammenstellung der Fische ab. Es sollten "poissons de roche", Felsenfische, dabei sein. Wir haben in Marseille eine Fischsuppe gegessen, deren Rezept ich gern weitergebe. Wichtig ist, wie bei den meisten Fischgerichten, die Zugabe von Fenchel. Hier das Rezept:

## Fischsuppe

Wenn Sie die genannten Fische nicht bekommen sollten, so können Sie sich mit zwei oder mehreren anderen Fischsorten behelfen. Die Suppe entwickelt einen anderen Geschmack, ist jedoch ebensogut.
In einem großen Topf erhitzt man das Olivenöl, brät darin den in feine Scheiben geschnittenen Lauch, die feingehackte Zwiebel und den zerdrückten Knoblauch, Fenchel, Piment und Petersilie an. Wenn das „Gemüse“ angebräunt ist, Tomatenmark hinzugeben und die ausgenommenen, gesäuberten Fische ebenfalls einige Minuten Farbe nehmen lassen, dann mit 1 1/2 Liter Wasser auffüllen und 1/4 Stunde kochen lassen. Die gesamte Suppe im Mixer pürieren, anschließend durch ein Haarsieb streichen.
Währenddessen werden die Spaghetti in kleine Stückchen gebrochen, in sprudelndem Salzwasser gekocht. Wenn sie gar sind abschütten und in die durchgeseihte Fischsuppe geben, mit Salz, Pfeffer und Safran abschmecken.
Ich gebe, obwohl schon Nudeln in der Suppe sind, gerne mit Knoblauch eingeriebene *croûtons* und eine *Sauce rouille* dazu, wer mag kann auch ein wenig *aïoli* dazu servieren. Den geriebenen Gruyère oder Cantal darf man natürlich nicht vergessen.

## Soupe de poisson

*1 - 1,2 kg verschiedene Mittelmeerfische (wie Girelles, Vives, Rascasse usw.)
1 Stange Lauch, 1 - 2 Zwiebeln, 3 Knoblauchzehen, Fenchelkraut, Piment, Salz und Pfeffer, 1 Prise Safran, Olivenöl, 1 Bund Petersilie, 1 Dose Tomatenmark, 125 g Spaghetti, Croûtons, 50 g geriebener Käse*

## Suppe vom Meeraal

In einem Topf Olivenöl erhitzen, Zwiebel darin andünsten, die Tomaten, Lauchringe, Knoblauch und Kräuter hinzufügen, anschmoren lassen, den in Stücke zerteilten Meeraal zugeben, mit Salz und Pfeffer würzen, ca. 5 Minuten anbraten, dann mit ca. 1 1/2 Liter Wasser auffüllen und 20 - 30 Minuten kochen lassen.
Bevor der Fisch gar ist, die Fadennudeln hinzugeben und ca. 10 Minuten mitkochen lassen. Der Fisch und die Suppe werden getrennt serviert. Dazu wird eine *Sauce rouille* und geriebener Käse gereicht.

## La soupe de congre

*800 g Meeraal, 2 Tomaten gehäutet und entkernt, 1 kleine Zwiebel feingehackt, 1 Lauchstange, nur das Weiße der Lauchstange in Ringe geschnitten, 2 - 3 Knoblauchzehen feingehackt, 1 Lorbeerblatt, Thymian, Fenchelkraut, 1 Tasse Fadennudeln, ca. 50 g Parmesan gerieben, 50 g Gruyère, Salz, Pfeffer, 4 - 6 EL Olivenöl*

## Muschelsuppe

Das Gemüse in Butter auf kleiner Flamme andünsten und zugedeckt ca. 1/4 Stunde garen lassen.
Währenddessen die Muscheln unter fließendem Wasser gründlich reinigen und in dem Sud in geschlossenem Topf erhitzen, damit sich die Muscheln öffnen. Hin und wieder den Topf schütteln. Die Muscheln aus dem Sud nehmen, das Muschelfleisch zusammen mit dem Gemüse im Mixer pürieren und zurück in den Fischsud geben. Das *bouquet garni* entfernen, die Suppe nochmals kurz aufkochen lassen, pfeffern und salzen nach Geschmack. Mit *crème fraîche* legieren und mit *croûtons* servieren.

## Soupe aux moules

*1,5 kg Muscheln, 1 kleine Karotte in Stücke geschnitten, 1 große Zwiebel grob gehackt, 100 g Champignons, 1 EL Butter, 1 EL Mehl, 2 EL Crème fraîche, Pfeffer und Salz
Für den Sud: 1/4 l Weißwein, 3/4 l Wasser, 1 Bouquet garni*

# Les hors d'œuvres, les salades, les entrées
# Vorspeisen, Salate, Eingangs- oder Zwischengerichte

Eine gute Vorspeise und ein vorzügliches Dessert sind die Eckpfeiler eines Menüs. Gelingt Ihnen beides, so haben Sie schon fast gewonnen.
Die Wahl der Vorspeise hängt vom folgenden Hauptgericht ab, ob ein Zwischengang, ein Entrée, serviert wird oder nicht, und schließlich von der Jahreszeit, von der man übrigens die gesamte Zusammenstellung des Menüs abhängig machen sollte und last not least von Ihrem ganz persönlichen Geschmack.

Bei einem provenzalischen Déjeuner oder Diner fehlt nie Salat oder "Crudités", serviert *mit einer Sauce vinaigrette, einer Sauce anchoïade* oder mit einer *Vinaigrette aux herbes.* Da ich ein großer Salatfreund bin und kein Essen ohne Salat serviere, zwinge ich unsere Gäste meine Leidenschaft zu teilen. Salate in jeder Form, bevorzugt natürlich die Frühlingsboten, die wildwachsenden Salate, dann kräftige Blattsalate, wie den "salade craquante", einen knackigen Salat, der auf deutschen Märkten als "Romana" angeboten wird, dann Endiviensalate oder "salade rouge", ein kleinköpfiger, herzhafter Salat, dessen Blätter sich zum äußeren Rand hin rot verfärben und natürlich einen Eichenblattsalat. Man könnte die Aufzählung noch um etliche Namen ergänzen, doch jeder Salatliebhaber wird das Angebot des Marktes zu nutzen wissen.

Was sich ebenso zu den Favoriten meines Vorspeisenrepertoires entwickelt hat, sind die "crudités". "Crudité" kommt von cru, - roh - und bezeichnet alle rohen oder kurz blanchierten Gemüse.
Die "crudités" werden immer vor dem Hauptgericht gereicht, ebenfalls die "salades composées", die gemischten Salate. Ein grüner Blattsalat, ein "laitue" mit einer kräftigen *vinaigrette* angemacht, folgt dem Hauptgang vor dem Käse. Keine Regel ohne Ausnahme. In der Vaucluse wird auch der grüne Salat vor dem Hauptgang gereicht. Ein "salade frisée", ein Endiviensalat, würde allerdings meist als Vorspeise mit *croûtons,* kleinen in Butter gerösteten Brotscheibchen, die noch mit Knoblauch eingerieben werden, serviert.

## Wildkräutersalat

## Salade mesclun

Die Zusammenstellung dieses Salates hängt gänzlich von dem zur Verfügung stehenden Angebot an Salaten und Kräutern ab.
Als Anregung könnte dienen: Jeweils eine Handvoll Feldsalat oder Rapunzel, Eichenblattsalat, Radiccio, krause Endivie, eine halbe Handvoll Kerbel, eine Handvoll Löwenzahn.
Die sorgsam geputzten Salatblätter gut abtropfen lassen. In diesem Zusammenhang möchte ich auf ein sehr praktisches Gerät, wie es jeder französische Haushalt besitzt, hinweisen, einen zusammenklappbaren Salatkorb aus einem Edelstahlgeflecht. In ihm ist es möglich den Salat trockenzuschleudern, ohne die Salatblätter zu drücken.
Den Salat in eine große Schüssel legen.

Eine *vinaigrette* aus: 1/2 EL gutem Rotweinessig, einer feinzerdrückten Knoblauchzehe, Salz, schwarzem frisch gemahlenem Pfeffer, einem Kaffeelöffel *Moutarde de Dijon* und 5-6 EL Olivenöl rühren.
Die genaue Arbeitsfolge ist im Kapitel Saucen beschrieben. In diese Sauce, und es stünde dem Salat gut an, könnte man ein hartgekochtes, feingehacktes Ei geben.
Die *vinaigrette* erst kurz vor dem Servieren zubereiten, da der Knoblauch sein Aroma verliert und leicht bitter oder scharf wird, zum anderen die cremige Konsistenz verlorengeht und die Sauce zerfällt. Am Tisch die Sauce über den Salat geben und vorsichtig wenden. Pro Person 2-3 kleine *croûtons* mit in die Salatschüssel geben. Für die *croûtons* eignet sich in diesem Fall am besten ein altbackenes Brötchen, dem sie scheibchenweise die oberste Schicht abschneiden, diese in Butter rösten und mit Knoblauch einreiben.

Eine weitere Sauce, die ich aus Lyon mitgebracht habe, würde den herzhaften Geschmack dieses Salates unterstützen: *Sauce aux lardons.* Wie diese Sauce zuzubereiten ist, lesen Sie bitte im Kapitel Saucen nach.

Eine Handvoll frische Freilandchampignons in feine Lamellen geschnitten zu diesem Salat gegeben ist eine Delikatesse, oder wie es in der „neuen Küche" praktiziert wird, mit hauchfeinen grünen Bohnen auf einen Teller drapiert, gekrönt von Krebsschwänzen und Trüffelscheiben, ist sehr nachahmenswert.

## Löwenzahnsalat

## Salade de pissenlits

Ca. 250 g Löwenzahn gründlich in reichlich Wasser waschen, abtropfen lassen und trockenschütteln. Die zarten Blätter können ganz verwendet werden. Sind sie schon etwas kräftiger, so zupft man die zarten Blättchen vom Blattgerippe ab.
Dazu eine *vinaigrette,* der man etwas mehr Essig und Salz zugefügt hat, servieren und natürlich *croûtons.* Eine *Sauce aux lardons* eignet sich auch für diesen Salat besonders gut.

## Salade craquante au Roquefort

## Romanasalat mit Roquefortsauce

Den Salat verlesen, die groben äußeren Blätter abzupfen und beiseite stellen (können zu einer Omelettfüllung oder einer Potage verwendet werden). Die Blätter für den Salat in reichlich Wasser waschen und gründlich abtropfen lassen. Eine *Sauce vinaigrette au Roquefort* zubereiten und bei Tisch über den Salat geben und vermengen.

Um den Endiviensalat gibt es einige Verwirrung. Was wir als Endiviensalat kaufen, heißt in Frankreich Chicorée, was wir als Chicorée kaufen, heißt in Frankreich Endive. Unsere krause Endivie heißt kurz und bündig "salade frisée". Das nun folgende Rezept läßt sich mit der glatten Endivie oder auch mit der krausen Endivie zubereiten.

## Salade de chicorée aux anchois

## Endiviensalat mit Anchovis

Den Salat putzen, waschen und gut abtropfen lassen. In eine Schüssel geben und pro Person zwei Anchovisfilets über den Salat verteilen. Dazu eine *Sauce vinaigrette* servieren.
Eine Variante für beide Salate wäre, angerichtet in einer Salatschüssel mit Eierhälften dekoriert, die Zugabe einer *Sauce l'anchoïade* oder einer *Sauce aux anchois*.

Ein "salade composée", ein gemischter Salat, kann mit Oliven, hartgekochten Eiern, Thunfisch, Anchovisfilets, frischen Champignons und natürlich frischen Kräutern dekoriert sein. Dazu wird Weißbrot gereicht und ein leichter Rotwein oder auch ein Rosé getrunken. Der bekannteste "Salade composée" ist nach seiner „Geburtsstadt" Nizza benannt.

## Salade niçoise

## Nizza Salat

Er ist eine Zusammenstellung von Kopfsalat oder Romanasalat, Tomaten, Thunfisch, Anchovisfilets, hartgekochten Eiern, grünen, in Streifen geschnittenen Paprikaschoten, Petersilie und reichlich Basilikum. Im Frühjahr kommen noch einige zarte Frühlingszwiebeln und in Viertel geschnittene ganz junge kleine Artischocken "l'artichaut violet", die roh gegessen werden, hinzu. Angemacht wird dieser Salat mit einer *Sauce vinaigrette*. Schwarze Oliven dürfen natürlich nicht fehlen. In manchen Familien werden in Scheiben geschnittene gekochte Kartoffeln in den Salat gegeben.

## Salade frisée aux betteraves rouges

## Endiviensalat mit roten Rüben

1 krause Endivie, darauf achten, daß die inneren Blätter von hellgelber Farbe sind und der Kopf möglichst geschlossen ist. 3 rote Rüben.

Die Endivie wird für eine Mahlzeit zuviel sein, heben Sie den Rest für eine andere Salatkomposition auf. Die roten Rüben in Salzwasser garen. Würziger und schmackhafter sind sie, wenn man sie im Backofen bei ca. 160°C gart. Nach dem Erkalten häuten, in Würfel schneiden und zu dem geputzten, in Streifen geschnittenen Endiviensalat in eine Salatschüssel geben.
Mit einer *Sauce anchoïade* servieren oder mit einigen Anchovisfilets belegen und mit einer *Sauce vinaigrette* anmachen.

Köstlich schmeckt ein mit Thymian gewürzter Tomatensalat, mit einigen schwarzen Oliven belegt und mit einer *Sauce vinaigrette* beträufelt. Anstelle des Thymians kann frisches Basilikum treten.

## Brunnenkresse mit Champignons

Die Kresse gründlich waschen, abtropfen lassen, die groben Stengel entfernen, in der Salatschüssel oder auf einem Teller anrichten. Die Tomaten häuten, entkernen und in Würfel oder Achtel geschnitten über die Kresse streuen. Die Champignons putzen, schnell unter fließendem kalten Wasser waschen und feingeschnitten über den Salat geben. Mit einer *Sauce vinaigrette* oder einer Sauce Ihrer Wahl anmachen.

## Cresson de fontaine aux champignons

*ca. 250 g Brunnenkresse,*
*70-100 g Champignons, 2 Tomaten*

## Sellerie mit heißer Anchovissauce

Wenn man will, so ist das "bagna cauda" ein provenzalisches Fondue.
Der Name ist provenzalisch und heißt bagna – tremper – eintauchen. cauda – chaud – heiß.

Die Anchovis gründlich unter fließendem Wasser waschen, die Gräten entfernen und die Filets zerkleinern. Im Mörser oder in einem Suppenteller mit dem Rücken eines Eßlöffels zerdrücken. Nach und nach das Olivenöl mit einem Holzlöffel unterrühren. Die Knoblauchzehen, den gemahlenen schwarzen Pfeffer hinzufügen und auf kleiner Flamme unter Rühren erwärmen. Ist es heiß genug – es mußt nicht sieden – stellt man das Töpfchen in die Mitte des Tisches auf ein Rechaud und serviert in Stücke geschnittene Selleriestauden dazu. Jeder taucht, wie beim Fondue, den Sellerie in die Sauce. Dazu gibt es Weißbrot und einen kräftigen Rotwein.

Zu den "crudités" als hors d'œuvre reicht man gerne hausgemachte, würzige Pasteten, oder *rillettes,* oder Scheiben einer "saucisson", einer groben Wurst aus reinem Schweinefleisch, reichlich mit Knoblauch gewürzt. Ebenso grüne und schwarze Oliven, eingelegte saure oder süßsaure Gemüse oder Früchte, eingelegte Champignons.

## Bagna cauda aux céleris

*2,5 dl Olivenöl, 100 g Anchovis,*
*2-3 Knoblauchzehen, Pfeffer,*
*1 große Bleichselleriestaude*

## Pain de foies de volaille

*150 g Schinkenfett, 300 g Geflügelleber, 100 g Crème fraîche, 1 Ei, 1 Trüffel in feine Scheiben geschnitten, 1 EL Madeira, 1 EL Cognac*
*Salz und Pfeffer*

## Geflügelleberpastete

Das Schinkenfett durch den Fleischwolf (feinste Scheibe) drehen, die Leber von Fasern und Sehnen befreien. In einer Schüssel das durchgedrehte Fett und die Leber mit den restlichen Zutaten mit der Hand verkneten, mit Salz und Pfeffer abschmecken. Den Teig in eine Terrine füllen, darauf achten, daß keine Luftblasen entstehen, am besten man stößt einige Male die Terrine fest auf den Tisch auf, dann sackt der Teig ab.
Im auf 170°C vorgeheizten Backofen die Terrine im Wasserbad ca. 1 1/2 Stunden backen. Wenn man mit einer Messerspitze in die Mitte sticht, sollte das Fleisch noch zart rosa sein, der austretende Saft jedoch goldgelb.
2 Tage im Kühlschrank ruhen lassen bevor man die Pastete serviert.

## Terrine de viande

*6-8 Personen*
*2 kg Schweinefleisch aus der Schulter, 2 Zweiglein Thymian, 3 Lorbeerblätter, 4 Knoblauchzehen, Salz und Pfeffer, 4 EL Schmalz, 1 Messerspitze Quatre épices, ca. 500 g fetten Speck in feine Scheiben geschnitten zum Auslegen der Terrine*

## Fleischpastete

Das Fleisch entbeinen, die Schwarte entfernen. In einem Topf die Schwarte, die Knochen, Thymian, 1 Lorbeerblatt, eine Knoblauchzehe, Salz und Pfeffer geben, mit Wasser auffüllen und zum Kochen bringen. Ca. 2 Stunden leise köcheln lassen. Währenddessen das Fleisch durch den Fleischwolf geben (nicht zu feine Scheibe). Das Fleisch in einem Topf auf kleiner Flamme ca. 1/2 Stunde unter ständigem Umrühren mit einem Holzspatel erhitzen, zugedeckt weitere 30 Minuten ziehen lassen. Es darf keineswegs anbraten. Dann mit einer Gabel das Fleisch auseinanderpflücken, wenn nicht genügend Fett ausgetreten ist, Schmalz hinzufügen, ebenso die restlichen fein zerdrückten Knoblauchzehen, die *quatre épices* und die durchgeseihte Suppe. Alles gut miteinander vermischen, abschmecken und in eine mit Speckstreifen ausgelegte Terrine füllen. Mit Speck, Lorbeerblättern und einem Thymiansträußchen belegen. Mit einer Aluminiumfolie fest verschließen und ca. eine Stunde bei 220° C backen.

## Terrine de canard aux noisettes

*1 große Ente, 200 g Schweinerücken, 250 g Kalbsschulter, 200 g frischer Speck, 2 Eier, 1 TL Quatre épices, Salz und Pfeffer, 2 Lorbeerblätter, 100 g gesalzene Haselnüsse, etwas Mehl, ca. 500 g fetter Speck in möglichst feine Scheiben geschnitten (sollte der Speck zuviel sein, so kann man ihn einfrieren und ein anderes Mal verwenden).*

## Entenpastete mit Nüssen

Die Ente waschen und gut mit Küchenkrepp abtrocknen. Die Haut abziehen, Brust und Schenkel in feine Scheiben schneiden. Das restliche Fleisch mit Hilfe eines kleinen Messers vom Knochen lösen, Schweine- und Kalbfleisch in Streifen schneiden, ebenso die Entenhaut und den Speck, und alles (außer den Scheiben der Brust und Schenkel) durch den Fleischwolf drehen. Die Eier und die Nüsse untermengen, mit Salz und Pfeffer und den *quatre épices* abschmecken. Eine Terrine mit den Speckscheiben auslegen, sodaß der Speck ein wenig über den oberen Rand geht.
Ein Lorbeerblatt auf den Boden der Terrine legen. Eine Schicht Farce, eine Schicht Entenfleisch einfüllen. Abwechselnd so weiterverfahren, mit einer Schicht Farce abschließen. Die Terrine einige Male auf den Tisch stoßen, damit die Fleischmasse sich ohne Luftblasen zurückzulassen verteilt. Ein weiteres Lorbeerblatt auf die Farce legen,

MENU

mit Speckstreifen zudecken. Den Deckel der Terrine mit Hilfe einer Mehlwasserpaste hermetisch verschließen und im auf 160° - 180°C vorgeheizten Backofen 2 1/2 - 3 Stunden im Wasserbad garen. Erst nach 2 Tagen hat die Pastete ihr volles Aroma entwickelt.

## Rillettes

*6 Personen*
*250 g fettes Schweinefleisch, 750 g mageres Schweinefleisch, 1 Lorbeerblatt, 1 Zweiglein Thymian, 1 Zweiglein Rosmarin, 4 Schalotten, Salz und Pfeffer, Schmalz*

## Schweinefleischpastete

Das Fleisch in kleine Stücke schneiden, in eine Kasserolle geben und mit kaltem Wasser bedecken, Lorbeer, Thymian, Rosmarin, die ganzen Schalotten, Salz und Pfeffer hinzufügen und offen zum Kochen bringen. Dann den Topf fast mit dem Deckel abdecken und ca. 4 Stunden leise köcheln lassen. Nach ca. 2 Stunden Kochzeit mit zwei Gabeln die Fleischbrocken auseinanderzupfen. Das Fleisch muß fasrig kochen.
Das Fleisch im Topf abkühlen lassen. Am nächsten Tag wieder erwärmen, abschmecken und in Portionsschüsseln oder in eine Terrine geben. Mit geschmolzenem Schmalz abdecken und im Kühlschrank aufbewahren.

An die Spitze aller Vor- oder Zwischengerichte stelle ich die Trüffel.
Von Fernand bekam ich nicht nur die von ihm und seinem Hund Lou-Lou gefundenen schwarzen Knollen geschenkt, er verriet mir Rezepte der Zubereitung, wie sie in seiner Familie seit Generationen erhalten sind.
In früherer Zeit, so erzählte er, als es noch tonnenweise Trüffel gab, reichte man zum Apéritif in feine Scheiben geschnittene Trüffel oder am Ende eines großen Diners wurde den Damen mit königlicher Geste eine Trüffel "une perle noire" überreicht.
In der Hoffnung, daß unser neugewonnenes Umweltbewußtsein mit Erfolg unsere Natur regeneriert und die Trüffel wie in alten Zeiten sprießen läßt, schlage ich einige alte Rezepte zur Ausführung vor.

## Ragoût de truffes

*2 - 3 Trüffel, 4 - 5 EL Olivenöl, 2 cl Rotwein, 2 kleine Zwiebeln, 2 - 3 Anchovisfilets, 1 Ei*

## Trüffelragout

Nachdem die Trüffel unter fließendem Wasser gebürstet und gewaschen sind, legt man sie kurz in Olivenöl ein. Anschließend in feine Scheiben schneiden, in eine Kasserolle legen, mit Olivenöl, ein wenig gutem Rotwein, Salz und grobgemahlenem schwarzen Pfeffer würzen. Man kann noch Anchovisfilets und kleine Zwiebeln hinzufügen.
Ca. 20 Minuten auf kleiner Flamme kochen. Kurz vor dem Servieren mit einem Eigelb legieren.

In greifbare Nähe rückt der Trüffelgenuß, wenn eines der nun folgenden Rezepte Ihre Aufmerksamkeit findet.

## Trüffel nach Art des Trüffelsuchers

## Truffes du caveur

Die frisch geernteten Trüffel waschen, bürsten und in ein mit Olivenöl getränktes Papier wickeln. Ein Feuer von Weinstöcken entfachen. Wenn nur noch Glut und Asche vorhanden ist, die eingewickelten Trüffel unter die heiße Asche legen und braten lassen. Das läßt sich heute so abwandeln, daß man zum Einwickeln Aluminiumfolie nimmt und die Trüffel im Holzkohlegrill brät.

## Trüffelsalat

## Salade de truffes

*1 große Trüffel, 2-3 EL Olivenöl, 1 Zitrone, 1 Ei, Salz und Pfeffer*

Dazu benötigen Sie eine schöne große Trüffel (hühnereigroß), reinigen und schälen sie, schneiden sie in hauchfeine Scheibchen. Eine Sauce aus ein wenig Olivenöl, Zitronensaft, Salz und Pfeffer bereiten, die Sie nach und nach unter ein hartgekochtes Eigelb mischen. Die fertige Sauce über die Trüffel geben und servieren.

## Trüffel im Teigmantel

## Truffe en chausson

*Pro Person 1 Trüffel, Speck in feine Scheiben geschnitten, Olivenöl, Blätterteig, 1 Ei*

Pro Person eine Trüffel mittlerer Größe, die man gesalzen und gepfeffert in eine hauchdünne Scheibe Speck einwickelt, in Olivenöl taucht und auf eine runde Scheibe ausgerollten Blätterteig legt. Die Scheibe muß so groß sein, daß sie zusammengeklappt die Trüffel umschließen kann. Die Ränder der Scheibe mit Wasser anfeuchten, zusammenklappen und fest andrücken. Mit Eigelb bepinseln und im auf 200°C vorgeheizten Backofen ca. 20 Minuten backen.

## Rührei mit Trüffel

## Brouillade aux truffes

*4-6 Personen*
*40 g Trüffel, 1 EL Madeira, 100 g Butter, 10 Eier, 10 EL Crème fraîche, Salz und Pfeffer*

Trüffel in feine Scheiben schneiden und in einem Schüsselchen 15 Minuten in Madeira ziehen lassen. In einer Schüssel die Eier verrühren, Trüffel und Madeira hinzufügen und ca. 2-3 Stunden stehen lassen. Will man die Brouillade servieren, so läßt man in einer schweren Pfanne die Butter aus, gibt die Eier hinzu und läßt sie unter ständigem Rühren und Wenden stocken, *crème fraîche* unterheben und weiterrühren. Die Eiermasse muß cremig bleiben und darf nicht ganz fest werden. Sehr heiß servieren. Dazu reicht man Weißbrot.

## Trüffelomelett

## L'omelette aux truffes

*2-3 Trüffel (man kann so viele Trüffel nehmen wie man mag oder hat), 8 Eier, 1 EL Butter, Salz und Pfeffer*

Die Trüffel sehr fein schälen. Die Schalen klein hacken, die Trüffel in feine Scheiben schneiden. Die feingehackten Schalen und die Trüffelscheiben in die leicht verrührten Eier geben und einige Zeit stehen lassen, so nehmen die Eier den Geschmack und das Aroma der Trüffel an.

Butter in einer schweren Pfanne auslassen (bis zum Rauchpunkt), die geschlagenen Eier hineingeben. Die Hitze etwas zurücknehmen. Mit einer Gabel streicht man immer wieder vorsichtig über die Oberfläche, damit das noch flüssige Ei an die Wärmequelle kommt und das gestockte Ei nicht trocken wird. Das Omelett muß an der Oberfläche feucht bleiben, übereinanderschlagen und servieren.

Die vielen Zwischengerichte, die man ebenso als kleine familiäre Abendgerichte oder verkleinert als Vorgerichte servieren kann, erregen immer wieder meine Aufmerksamkeit. Ich habe einige notiert, möchte aber auf "La cuisine provençale" verweisen, wo etliche andere aufgeführt sind, die an dieser Stelle nicht wiederholt werden sollten.

## Œufs à la tripe

*6 große Zwiebeln, 4 hartgekochte Eier, Bechamelsauce, 1 EL Butter*

## Überbackene Eier

Es gibt so viele verschiedene Rezepte, hier ist eine Zubereitungsart erwähnt, die ich kürzlich probierte.
Die Zwiebeln schälen und in Scheiben schneiden. In einer Pfanne mit wenig Butter glasig bzw. gar dünsten. Währenddessen eine *Sauce béchamel* aus 60 g Butter und einem 1/4 Liter Milch herstellen, die Zwiebeln unter die Sauce geben. In eine gebutterte feuerfeste Form die halbierten Eier legen, die Sauce darübergeben und im auf 220°C vorgeheizten Backofen gratinieren.

Ein Omelett läßt sich eigentlich nur für 2 - 3 Personen herstellen, es sei denn, man kann auf eine große Feuerstelle zurückgreifen und damit auf große Pfannen.

## Omelette à la pomme d'amour

*2 Personen*
*4 Eier, eine Sauce herstellen aus ca. 1/2 kg Tomaten, 1 Selleriezweig, 1 Karotte, Olivenöl, 1 Zweig Thymian, Salz und Pfeffer*

## Tomatenomelett

Die Tomaten entkernen und mit 2 - 3 EL Wasser aufsetzen, würzen, Thymian, Karotte und Sellerie hinzufügen und ca. 20 bis 30 Minuten kochen lassen. Hin und wieder umrühren. Die letzten 10 Minuten bzw. solange ohne Deckel kochen, bis die Flüssigkeit reduziert ist. Anschließend durch die Gemüsemühle geben oder im Mixer pürieren. Die Eier leicht verschlagen, die Tomaten unterrühren. Olivenöl in einer Pfanne erhitzen, die Eier hineingeben und das Omelett backen, d.h. kurz an der Unterseite stocken lassen, die Hitze auf eine mittlere Stärke hinunterstellen und mit der Gabel immer wieder die festgewordene Eierschicht zur Seite schieben, sodaß die nichtgestockte Eiercreme nachlaufen kann. Die Oberfläche muß auch hier wieder feucht bleiben, darf nicht ganz fest werden. Ist dies soweit, schlage man das Omelett übereinander und serviere.

Will man das Omelett füllen, gibt man z.B. geriebenen Käse oder eine andere Füllung auf die Oberseite, schlägt dann das Omelett übereinander und serviert.

## Omelette aux herbes

*4 Eier, 200-250 g Kräuter wie Petersilie, Estragon, Basilikum, Kerbel, Kresse, Sauerampfer, 1 kleine Zwiebel, 60 g Butter, Salz und Pfeffer*

## Kräuteromelett

Die feingehackte Zwiebel in 30 g Butter glasig dünsten, die feingehackten Kräuter hinzufügen und ca. 10 Minuten dünsten, mit Salz und Pfeffer abschmecken. Die Eier leicht verrühren und mit den Kräutern mischen. Backen wie unter *Omelette à la pomme d'amour* beschrieben.

Eine andere Variante wäre:

Die verschlagenen Eier mit Salz und Pfeffer abschmecken, backen wie beschrieben und mit den gedünsteten Kräutern füllen, übereinanderschlagen und servieren.

Man kann natürlich auch ein Omelett nur mit einem der erwähnten Kräuter zubereiten. Ebenso kann man ein Omelett mit kleinen violetten Artischocken, frischen Champignons, in feine Scheiben geschnittenen Paprikaschoten oder Zwiebeln füllen, es gibt viele Möglichkeiten, die auszuprobieren sich lohnen.

## Omelette aux moules

*2 Personen*
*ca. 12 Miesmuscheln, 4 Eier, 1 EL Butter, Court - bouillon*

## Omelett mit Muscheln

Die Muscheln gut säubern und in einer *court-bouillon* kochen. Abschütten und abtropfen lassen, das Muschelfleisch aus der Muschel nehmen und in die verschlagenen und mit Pfeffer und Salz gewürzten Eier geben. In heißer Butter anbacken wie unter *Omelette à la pomme d'amour* beschrieben.

## Piperade

*1 kg Tomaten gehäutet, entkernt und in kleine Würfel geschnitten, 4 grüne Paprikaschoten in feine Streifen geschnitten, 1 Knoblauchzehe zerdrückt, 1 Prise Thymian, 4 Eier, 1 Scheibe rohen Schinken in Stücke geschnitten, 1 EL Olivenöl, Salz und Pfeffer*

## Bauernomelett

Olivenöl auf kleiner Flamme erhitzen, die Schinkenstücke darin anbraten, Paprikastreifen, Tomatenstückchen, Thymian, Knoblauchzehe, Salz und Pfeffer hinzufügen, zugedeckt 1 Stunde langsam köcheln lassen. Das Gemüse muß ziemlich zerkocht sein. Die Eier verschlagen, leicht salzen und pfeffern und zu dem Gemüse geben, untermischen. Wenn die Eimasse beginnt fest zu werden, sofort servieren.

## Pain d'épinards à la sauce tomate

*1 kg Spinat, 4 Eier, 50 g Butter, 2 EL Mehl, 1/5 l Milch, Salz, Pfeffer und Muskatnuß*

## Spinatkuchen mit Tomatensauce

Den Spinat putzen und in reichlich Wasser waschen. In Salzwasser kurz blanchieren, abschütten und abtropfen lassen. In einer Kasserolle die Butter schmelzen, das Mehl darin hell anschwitzen und mit der Milch ablöschen. Mit Salz, Pfeffer und Muskatnuß abschmecken. Die Eier in einer Schüssel verquirlen, den Spinat und die *Sauce béchamel* unterrühren. In eine gebutterte Souffléform geben, mit Aluminiumfolie abdecken und im Wasserbad ca. 30 Minuten auf mittlerer Flamme garen. Dazu eine Tomatensauce, eine *Sauce tomate provençale* servieren.

## Auberginenauflauf

Die Auberginen schälen, in Stücke schneiden und 10 Minuten in Salzwasser blanchieren. Abschütten und abtropfen lassen. Auberginen und Schinken in kleine Würfel schneiden. Die Soufflémasse herstellen. In einer Kasserolle die Butter schmelzen, das Mehl hinzufügen und einige Minuten unter Rühren anschwitzen lassen. Mit der Milch ablöschen, vom Feuer nehmen, die Eigelbe unterrühren, mit Pfeffer, Salz und Muskatnuß abschmecken. Das Eiweiß zu festem Schnee schlagen, die Hälfte des Eischnees mit dem Schinken und den Auberginen in die Soufflémasse geben, gut vermengen und vorsichtig den Rest des Eischnees unterheben. In eine gefettete Souffléform geben und im vorgeheizten Backofen bei ca. 200°C 30 bis 40 Minuten backen.

## Aubergines en soufflé

*1 kg Auberginen, 100 g gekochter Schinken, 4 Eier, 1/4 l Milch, 30 g Mehl, 40 g Butter, Salz, Pfeffer, Muskat*

## Käsewindbeutel

In einen Topf das Wasser, Salz und die Butter (in kleinen Flöckchen) geben, zum Kochen bringen und unter Rühren das gesiebte Mehl hinzufügen. Kräftig schlagen, so lange bis der Teig glatt ist und sich vom Topfrand löst. Abkühlen lassen. Währenddessen eine Gratinform (Tortenform) buttern. Den Gruyère in kleine Stücke schneiden. In einer Tasse ein Ei verschlagen und unter den ausgekühlten Teig rühren, mit dem zweiten Ei ebenso verfahren, vom dritten Ei nur die Hälfte kräftig unter den Teig rühren. Die Käsestückchen unterrühren und mit einem großen Löffel portionsweise den Teig in Kugelform Seite an Seite zu einem Rund setzen. Mit dem restlichen Ei bestreichen.
Bei ca. 160°C 30 bis 40 Minuten backen. Lauwarm oder heiß als Entrée oder wenn man kleine einzelne Kugeln formt, als Apéritifhappen servieren.

## La gougère

*Pâte à choux:*
*45 g Butter, ca. 1/8 l Wasser, 1 Prise Salz, 90 g Mehl, 3 Eier*
*für die Füllung: 100 g Gruyère*

## Provenzalischer Kuchen

Mehl in eine Schüssel geben, die Butter in kleinen Stückchen darüber verteilen, schnell mit der Hand verkneten, Salz in wenig Wasser auflösen, hinzufügen und zu einem geschmeidigen Teig verarbeiten. Eine Stunde kühl stellen. Währenddessen auf kleiner Flamme in Olivenöl die Knoblauchzehen, die gehackten Zwiebeln, die gehäuteten, entkernten und in kleine Stücke geschnittenen Tomaten, das *bouquet garni* anschmoren, mit Salz und Pfeffer abschmecken und ca. 30-40 Minuten kochen lassen, sodaß eine cremige Masse entsteht. Nachdem die Füllung abgekühlt ist, 2 Eier und *crème fraîche* unterrühren. Auf einer bemehlten Arbeitsfläche den Teig ausrollen und eine Springform oder Auflaufform mit dem Teig auslegen. Mit einer Gabel mehrmals den Teigboden anstechen. Damit der Boden sich nicht hebt, eine Aluminiumfolie darübergeben und mit Reis bedecken. Den so vorbereiteten Boden bei 200°C ca. 10 Minuten backen. Man sagt den Boden „blind" backen, d.h. ohne Garnitur backen. Nachdem der Boden ein wenig abgekühlt ist, die Füllung daraufgeben und ca. weitere 20 Minuten backen.

## Quiche provençale

*Pâte brisée:*
*200 g Mehl, 100 g Butter, 1/2 dl Wasser, 1 Prise Salz*
*Garnitur:*
*500 g Zwiebeln, 250 g Tomaten, 2 Eier, 150 g Crème fraîche, 4 Knoblauchzehen, 1 Bouquet garni aus Thymian, Lorbeer und Petersilie, Salz und Pfeffer, Olivenöl*

Man kann diesen würzigen Kuchen auch mit anderen Garnituren zubereiten, z.B. mit Blumenkohl. Sie bereiten den Teig wie beschrieben zu und backen den Tortenboden ab. Auf dem abgekühlten Tortenboden den in Röschen aufgeteilten Blumenkohl verteilen. Eine Creme aus 2 dl *crème fraîche*, 3 Eier, 50 g Comté, Salz, Pfeffer und Muskat herstellen und über den Blumenkohl verteilen. Im vorgeheizten Backofen bei 200°C ca. 20 Minuten abbacken.

## Pissaladière

*Teig:*
*500 g Mehl, 1 Ei, 2 EL Olivenöl, 1 dl lauwarmes Wasser, 5 g Hefe oder eine Pâte brisée aus 250 g Mehl herstellen*
*Garnitur:*
*2 EL Tomatenmark, 1 kg Tomaten gehäutet und in Scheiben geschnitten, 100 g Anchovis, 100 g schwarze Oliven, 1 Messerspitze Majoran oder Origano, Pfeffer und Salz, 1 EL Olivenöl, 2 EL geriebener Gruyère*

## Provenzalische Pizza

Den Teig herstellen und 1 Stunde ruhen lassen. Ein gefettetes Backblech dünn damit auslegen. Tomatenmark auf den Tortenboden streichen, darüber die Tomatenscheiben verteilen, ebenso die Anchovisfilets und die Oliven. Pfeffern, salzen und mit Majoran überstreuen. Olivenöl darüberträufeln und zuletzt den geriebenen Käse darauf verteilen. Im Backofen bei 200°C ca. 30 Minuten abbacken.

Am Montag oder Dienstag brutzelt in den meisten provenzalischen Backöfen ein "Plat de tomates et courgettes farcies". Die Reste des sonntäglichen Bratens finden sich in veränderter Form in Tomaten oder Zucchini gefüllt wieder. Gibt es keine Reste, so wird frisches Hackfleisch verwendet.

## Courgettes farcies

*1 1/2 kg Courgetten (nicht zu groß), 500 g Hackfleisch, 1-2 Zwiebeln, 1 Knoblauchzehe, 1-2 Eier, Olivenöl, Salz, Pfeffer, Thymian, Paniermehl*

## Gefüllte Zucchini

Die Zwiebeln fein hacken, ebenso den Knoblauch und mit dem Hackfleisch vermengen, mit Salz, Pfeffer und ein wenig Thymian abschmecken. In einer Pfanne Olivenöl erhitzen und die Farce darin anbraten. Erkalten lassen und die 2 Eier untermengen. Die Courgette der Länge nach halbieren, Kerne mit dem umgebenden Fruchtfleisch mit Hilfe eines Löffels herauslösen. Die Farce in die Mulde füllen. In eine geölte Gratinform legen, mit Paniermehl bestreuen und leicht mit Olivenöl beträufeln. Bei ca. 200°C 50–60 Minuten backen.
Zu Courgetten schmeckt übrigens eine *Sauce tomate provençale* vorzüglich.

## Tomates farcies

*pro Person 1-2 Tomaten (faustgroße rote feste Tomaten), 1 Bund frisches Basilikum, ca. 500 g Hackfleisch, 1-2 Zwiebeln, 1 Knoblauchzehe, 1-2 Eier, Olivenöl, Salz, Pfeffer, Paniermehl*

## Gefüllte Tomaten

Die Stielseite der Tomaten abschneiden, die Tomaten aushöhlen, innen salzen und pfeffern und auf Küchenkrepp abtropfen lassen (ca. 20 Minuten). Die Innenseite mit feingehacktem Basilikum bestreuen und mit der Farce, wie unter *Courgettes farcies* beschrieben, füllen und ebenso wie dort beschrieben weiterverfahren.
Anstelle des Basilikums kann man auch Salbei verwenden.

## Tarte aux oignons

*1 kg Zwiebeln, Pâte sablée, 250 g Mehl, 1 Ei, 20-30 g Butter*

## Zwiebelkuchen

Die Zwiebeln schälen, fein hacken oder in Scheiben schneiden und in wenig Butter glasig dünsten. Währenddessen die *Pâte sablée* herstellen. Eine Tortenform von ~ 26 cm Durchmesser damit auslegen, die Zwiebeln darüber verteilen, mit einem geschlagenen Ei übergießen und im Ofen bei 220°C backen. Darauf achten, daß die Zwiebeln nicht austrocknen, d.h. nur so lange backen bis der Teig goldbraun ist.

## Les caillettes provençales

*250 g Schweinefleisch, 125 g Kalbsleber, 125 g fetter Speck, 500 g Spinat, 1 Endivie, Quatre épices, eine Handvoll Sauerampfer, Petersilie*

## Provenzalische Hackfleischkugeln

Das Fleisch durch den Fleischwolf drehen. Gemüse putzen und in reichlich Salzwasser blanchieren. Abgießen und abtropfen lassen, feingehackt unter die Fleischmasse kneten. Mit Salz, Pfeffer, *quatre épices* und feingehackter Petersilie würzen. Mit der Hand Kugeln formen, die etwa die Größe eines Hühnereis haben sollten. In ein Darmnetz einwickeln und in eine Gratinform geben. Jede Kugel mit einem Stück fettem Speck und einem Salbeizweiglein belegen. Im Backofen bei ca. 160°C langsam abbacken. Man kann die "caillettes" auch kalt als "hors d'œuvre" reichen. Es gibt Rezepte, in denen eine feingehackte Trüffel diesem Gericht ein vorzügliches Aroma verleiht.

## Tourte aux pommes de terre

*400 g Blätterteig (tiefgefroren), 750 g Kartoffeln, geschält und in feine Scheiben geschnitten, 2 Zwiebeln in feine Scheiben geschnitten, 200 g geräucherter magerer Speck oder Schinken, Salz und Pfeffer, 3 EL Crème fraîche, 1 Eigelb*

## Gedeckter Kartoffelkuchen

Den Blätterteig fein ausrollen. Eine Tortenform von 18 cm Durchmesser mit dem Blätterteig auslegen, 1-2 cm sollte der Teig über den Rand stehen, einen Deckel aus dem Restteil in Tortenformgröße plus 1 cm ausschneiden und zur Seite legen. Die Kartoffeln wechselweise mit den Zwiebeln und dem Speck oder dem Schinken in die Form geben und vorsichtig jede Schicht pfeffern. Die letzte Schicht leicht salzen. Den Deckel auf die Kartoffeln geben und die beiden Teigränder fest zusammendrücken. In der Mitte der Form einen „Kamin" herstellen, damit der Dampf abziehen kann (man steckt einfach eine Canneloni oder eine ähnliche Hohlnudel in die Teigmitte). Mit dem verschlagenen Eigelb bestreichen und im Backofen bei 180°C ca. 50 Minuten backen. Kurz vor dem Servieren den Deckel öffnen, *crème fraîche* über die Kartoffeln verteilen, den Deckel wieder auflegen und heiß servieren.

# Les poissons
# Fische

Bei den Fischgerichten wird der Unterschied der Küche des Binnenlandes und der der Küste besonders deutlich. Um das zu unterstreichen, finden Sie in diesem Buch keine Gerichte mit Krusten- und Schalentieren, die jedoch in "La cuisine provençale" ausführlich behandelt werden. Stattdessen gibt es bei uns – damit meine ich die Vaucluse oder die Haute Provence – eine Vielzahl von Zubereitungsarten des Morue, des durch Salz- oder Lufttrocknung haltbar gemachten Kabeljaus. Dieser wird auf unseren Märkten auch heute noch angeboten. Die heute wenig attraktive Form der Konservierung durch Salz gehört allerdings zu den ältesten Konservierungsarten und kann durch entsprechende Zubereitung zu sehr schmackhaften Gerichten verarbeitet werden.
Der Kabeljau, der in nördlichen Gewässern gefischt wird, wird schon auf dem Schiff verarbeitet. Entgrätet und ausgenommen wird er schichtweise mit grobem Salz in Kisten gepackt und heißt dann "Morue verte", grüner Kabeljau. Im Hafen wird er gewaschen, gebürstet und von neuem gesalzen und heißt dann "Morue répaquée". In Holzfässer verpackt erreicht er dann über die Märkte den Endverbraucher.
Angenehmer zu verarbeiten ist "Morue en filet". Er ist filiert, säuberlich entgrätet und weniger salzig und wird in Dosen oder vakuumverpackt angeboten.
Der "Morue sèche" ist der auch bei uns bekannte Stockfisch. Er wird an der Luft getrocknet und ist gänzlich ohne Salz konserviert.
Bei den nun folgenden Morue-Rezepten können Sie selbstverständlich auch frischen Kabeljau verwenden. Dann fällt das jeweils angegebene Wässern weg.

---

## Gratinierter Morue mit Champignons

## Gratin de morue aux champignons

*500 g Morue-Filet, 250 g Champignons, 50 g Butter, 1 Zitrone, 1 EL Mehl, 1/4 l Milch, 100 g geriebener Käse, 4 EL Crème fraîche, Salz, Pfeffer, Muskat*

Zum Entsalzen wässert man den Morue ca. 3 Stunden in kaltem Wasser, das man mehrmals wechselt. Anschließend den mit kaltem Wasser aufsetzen, zum Kochen bringen und etwa 5 Minuten kochen lassen. Währenddessen die Champignons putzen, in Scheiben schneiden und in Butter anbraten, mit Zitronensaft beträufeln und 10 Minuten schmoren lassen. Mit Mehl bestäuben und mit der Milch ablöschen. Unter Rühren zum

Kochen bringen, vom Feuer nehmen, den abgetropften Fisch in Stücke zerpflücken und unter die Champignon-Sauce rühren, ebenso den Käse und *crème fraîche*. Abschmecken und würzen. In eine ausgebutterte Gratinschüssel geben und im vorgeheizten Backofen bei 180 °C ca. 20 bis 30 Minuten gratinieren.

## Le cassoulet de morue

*1 kg Morue-Filet, 200 g weiße trockene Bohnen, 80 g mageren Speck, 2-3 EL Olivenöl, 80 g Butter, 4 Knoblauchzehen, 1 Bund Petersilie, 1 kleine Zwiebel, 2 Karotten, 1 Selleriestaude, 2 Nelken, 2 Thymianzweiglein, 1 Lorbeerblatt, Salz und Pfeffer, ca. 100 g Paniermehl, ca. 100 g geriebener Käse*

## Morueragout

Den Morue 12 Stunden in kaltem Wasser, das man 3-4mal wechselt, einlegen.
Die Bohnen einweichen. Zu Beginn der Zubereitung blanchiert man zuerst den Speck. Nach dem Aufkochen abgießen und in kleine Stücke schneiden. Die Bohnen abgießen und in kochendes Wasser geben, aufkochen lassen und wieder abgießen. In eine Kasserolle 50 g Butter und 2 Eßlöffel Öl geben. Die Speckstückchen, die gehackte Petersilie, den zerdrückten Knoblauch und die Bohnen hinzufügen. Mit doppelter Menge Wasser auffüllen und zum Kochen bringen. Evtl. abschäumen. Zwiebel schälen, mit den Nelken spicken, Karotten putzen und in den Topf geben, ebenso Thymian, Lorbeer, Sellerie. 2-3 Stunden leise kochen lassen. Wenn die Bohnen fast gar sind, den Morue in kaltem Wasser aufsetzen und langsam zum Kochen bringen, sprudelnd 5 Minuten kochen lassen und abschütten. Probieren, ob genug entsalzt ist. In eine Gratin-Form das restliche Öl geben. Mit einem Schaumlöffel die Hälfte des Bohnengemüses einfüllen, danach den auseinandergepflückten Morue und dann die restlichen Bohnen darübergeben. Paniermehl mit Käse vermischen und über das Gericht streuen. Mit Butterflöckchen belegen und im Backofen bei 180 °C überbacken bis die Oberfläche goldbraun gratiniert ist.

## Morue à la tomate et à l'ail

*4-6 Personen*
*1 kg Morue-Filet, 2 EL Mehl, Olivenöl, Öl zum Fritieren*
*Sauce: 4 Zwiebeln feingehackt, 1 kg Tomaten, gehäutet und in Würfel geschnitten, 2 Knoblauchzehen fein zerdrückt, 1 Dose (225 g) rote Pfefferschoten in Streifen geschnitten, 2 EL feingehackte Petersilie, 2 EL Paniermehl, 1 TL Chilipulver*

## Morue mit Tomaten und Knoblauch

Den Morue wässern wie bereits beschrieben, in kaltem Wasser aufsetzen und zum Kochen bringen. 5 Minuten sprudelnd kochen lassen, die Flamme hinuntersetzen und ca. 10 Minuten ziehen lassen. Den Fisch in Stücke zerteilen, Öl in der Friteuse erhitzen und die in Mehl gewendeten Fischstücke goldgelb backen. Auf Küchenkrepp abtropfen lassen.
In einer Kasserolle 2 Eßlöffel Olivenöl erhitzen und die Zwiebeln hineingeben. Glasig dünsten, dann Tomaten, Knoblauch und Chili hinzufügen. Zu einer Sauce verkochen. Die Hälfte der Sauce in eine Gratinform geben, die Fischstücke darauflegen und mit dem Rest der Sauce bedecken. Mit den Paprikastreifen dekorieren, mit Petersilie und Paniermehl bestreuen. Mit ein wenig Olivenöl beträufeln und bei 220° C ca. 10 Minuten überbacken.

## La tarte de morue

*Teig: 250 g Mehl, 125 g Butter, 1 Ei*
*Füllung: 500 g Morue-Filet, 2 große Zwiebeln, 1 Dose gehackte Tomaten (1l), 1 Knoblauchzehe, 3 EL Weißwein, 100 g schwarze, entsteinte Oliven, 100 g geriebener Käse, 20 g Butter, Salz, Pfeffer und Thymian*

## Würziger Kuchen mit Morue

Den Morue wässern wie bereits beschrieben, anschließend in einen Topf mit kaltem Wasser geben und auf kleiner Flamme zum Kochen bringen. Ca. 5 Minuten sprudelnd kochen lassen, aus dem Wasser nehmen und abtropfen lassen. Währenddessen den Teig zubereiten, Mehl in eine Schüssel geben, mit einer Prise Salz bestreuen, in eine Vertiefung Butter und Ei hineingeben. Schnell mit den Fingerspitzen zu einem geschmeidigen Teig kneten, wenn der Teig zu fest ist, etwas Wasser hinzufügen. Zugedeckt 1 Stunde ruhen lassen.
Währenddessen die Zwiebeln schälen, fein hacken und in der Butter andünsten. Zugedeckt 20 Minuten schmoren lassen. Die Tomaten, den feingehackten Knoblauch, Thymian und Wein hinzufügen, offen so lange kochen, bis die Sauce cremig ist. Den zerteilten Morue hinzufügen, ebenso die Oliven. Mit Salz und Pfeffer abschmecken. Eine flache Kuchenform ausfetten, den Teig auf der bemehlten Arbeitsfläche ausrollen und die Form damit auslegen. Den Boden hin und wieder mit der Gabel einstechen und ca. 10 Minuten im vorgeheizten Backofen bei 180°C backen. Wenn er goldgelb ist, aus dem Ofen nehmen. Die Sauce mit dem Fisch auf dem abgekühlten Boden verteilen, mit geriebenem Käse überstreuen und ca. 15 Minuten überbacken.
Man kann den Boden ebenfalls mit Hefeteig herstellen.

## Morue sètoise

*1 kg Morue-Filet, 8 Knoblauchzehen, 2 Zweige Thymian, 1 Lorbeerblatt, 4 Kartoffeln, 125 g Butter, 5 EL Olivenöl, 1 Bund Petersilie feingehackt, Pfeffer und Salz*

## Morue, wie man ihn in Sete zubereitet

Den Fisch wie beschrieben wässern, anschließend in kaltem Wasser zum Kochen bringen, 4 Knoblauchzehen, Thymian und Lorbeer hineingeben und 10 Minuten leise kochen lassen. Währenddessen die Kartoffeln in der Schale in Salzwasser gar kochen. Den Fisch aus dem Sud nehmen, abtropfen lassen und in Stücke zerteilen und warm stellen.
Die Kartoffeln pellen, in Scheiben schneiden und mit dem Fisch vermengt warm stellen. In einer kleinen Kasserolle die Butter schmelzen, Olivenöl, restlichen Knoblauch und Petersilie hinzufügen, leicht pfeffern und langsam erwärmen. Dann über den Fisch und die Kartoffeln geben, miteinander vermengen und servieren.

## Tian aux herbes de Carpentras

*500 g Morue-Filet, 1 kg Spinat, Sauerampfer oder Mangoldblätter oder eine Mischung verschiedener Blätter, 1 Zwiebel feingehackt, Milch, 1 TL Mehl, Paniermehl, Salz und Pfeffer, Olivenöl*

## Überbackene Kräuter, wie man sie in Carpentras zubereitet

Den Morue wie beschrieben wässern und blanchieren, in Stücke zerteilen. Die Zwiebeln in einer Kasserolle in Olivenöl glasig dünsten, den geputzten und gewaschenen Spinat hinzufügen und dünsten bis er zusammenfällt. Hin und wieder wenden. Das Mehl über den Spinat streuen und mit ein wenig Milch auffüllen. Gut verrühren, mit Salz und Pfeffer abschmecken und leise 1/4 Stunde kochen lassen. In eine feuerfeste Form eine

Schicht Spinat geben, mit einer Schicht Morue belegen und eine zweite Schicht Spinat darübergeben. Mit Paniermehl bestreut und mit Olivenöl beträufelt im Backofen bei 200 °C ca. 30 Minuten gratinieren.

Das traditionelle Karfreitagsessen besteht aus gebratenem Morue mit "pois chiches" (Kichererbsen) und wird bei fast allen Familien am Karfreitag zubereitet.

Heute haben sich die Transportmöglichkeiten so verändert, daß auch die Bewohner auf dem Lande mit frischem Fisch versorgt werden können.
Jeden Mittwoch haben wir in unserem kleinen Dorf auf dem "Place de l'Eglise", dem Kirchplatz, einen Markt. Unter den zwei alten Platanen, die nach der Revolution gepflanzt wurden, finden sich die Kunden schon sehr früh ein. Sie tragen große Einkaufskörbe und machen zuerst einen Rundgang, um das Angebot zu prüfen.
Neben dem Gemüsestand, der die reichhaltigste Auswahl an frischen Gemüsen hat, sind Artischocken aufgehäuft, das preiswerteste Angebot des Tages. Der eine der beiden Käsestände hat einen Cantal-Käse verbilligt, der andere hat den Preis für offene Butter gesenkt. Auf dem Tresen des Fleischwagens liegt ein halber Kalbskopf, das Brieschen daraufdekoriert und von frischen duftenden Lorbeerblättern umrankt. Daneben eine "Fougasse au lard", eine Art Speckfladen aus Hefeteig. Eine besondere Attraktion ist seit einiger Zeit ein Stand, der auf einer fünf Meter langen Holzplatte Schinken aus Bayonne, Würste aus Arles, aus der Ardèche und aus Nimes aufgebaut hat. Zwischen diesen roten duftenden Schinken und Würsten sind Büschel von Bohnenkraut, Thymian, Rosmarin und Lorbeer gesteckt. Es ist ein verführerischer Stand. Auge und Nase werden gereizt. Ich kaufe einige Scheiben Schinken, um für den Abend ein Auberginen-Soufflé vorzubereiten. Der Fischhändler bietet manchmal einen großen frischen Thunfisch an, die größten können übrigens bis zu 3 Zentnern wiegen. Graphitgrau der Rücken und zum Bauch hin heller werdend, liegt er in seiner glatten glänzenden Haut auf einem Extra-Tisch. Ein frisches Bündel Petersilie ziert den Kopf. Die aufklaffenden leuchtend roten Kiemen sind ebenfalls mit Petersilie dekoriert. Auf Nachfrage wird mit kräftigem Messerschnitt eine Scheibe abgetrennt. Das Fleisch ist dunkelrot und hat nur die Mittelgräte. Geschmack und Geruch sind nicht typisch für Fisch, sie gleichen eher dem Kalbfleisch. Manchmal gibt es frische Sardinen, die mit wenig Fenchelkraut gefüllt, auf einem Holzkohlenfeuer gegrillt, vorzüglich schmecken. Verschiedene Muscheln und Mittelmeerfische, auch Atlantik-Fische, wie die köstliche "Dorade Royale". Meeresschnekken, See-Igel und Meereskartoffeln liegen auf Eiswürfeln, die in der wärmerwerdenden Morgensonne sich in kleine, an der Tischkante herunterfließende Rinnsale verwandeln. Im Hochsommer kann man beobachten, wie Kinder verstohlen ihre kleinen Füße unter das eisige Wasser halten.
Zwischen Fleisch- und Fischstand steht eine Blumenfrau, umgeben von Blüten aller Farben. Dicht daneben ein Stand mit großen Körben, in denen verschiedene Oliven angeboten werden. In einem Holzfaß sind in Salz eingelegte Anchovis. In verschiedenen kleinen Holzgefäßen schwimmen in einer Essiglake Cornichons, kleine weiße Zwiebeln

oder “Variés”, Mixed Pickles. Auf einem Tisch neben diesen Kübeln sind Schachteln und Tüten gefüllt mit Kräutern, Gewürzen und verschiedenen Mischungen aromatischer Pflanzen, jedes Kraut mit einem kleinen Zettelchen gezeichnet. Es gibt alles, was die Provence sprießen läßt. Der Stand ist durch ein Segeltuch-Dach gegen Sonne und Regen geschützt. Von diesem Dach hängen gebündelt und beschriftet Rosmarin, Thymian, Bohnenkraut, Quendel, Lorbeer, Lindenblüten, Eisenkraut, Melisse und Salbei herab.
Der Markt oder “le marché hebdomadaire”, wie man hier sagt, ist das Ereignis der Woche. Über die “marchandise” hinaus ist der Markt ein Ort der Begegnung. Die schweren Körbe neben sich auf den Boden gestellt, spricht man über Aktuelles. Für ausführliche Gespräche setzt man sich auf den Rand des immer plätschernden Brunnens, umringt von Kindern und Hunden. Die Bauern, die abseits des Dorfes wohnen, begleiten ihre Frauen zum Wochenmarkt. Sie nutzen die Gelegenheit, Freunde bei einem Pastis im Bistro an der Ecke zu treffen.

An einem solchen Markttag suchte ich früh unseren Fischhändler auf. Wir hatten einen großen Mittagstisch. Es war wundervolles Wetter, ein blauer Himmel, gerade recht, ein großes Feuer und eine lange Tafel im Freien vorzubereiten. Ich sah mir die Fische an, die listig aussehenden Meer-Barben, die Rascasse oder der Drachenkopf, der immer traurig seine Umwelt zu betrachten scheint, den breitmäuligen Merlan, die silbrig glänzenden gestreiften Makrelen, die dicken, gutartig aussehenden Doraden. Ich wählte von jeder Sorte einen nicht zu großen Fisch, dazu noch ein Dutzend Sardinen, und – wie der Händler mir dringend empfahl – als große Delikatesse frische Anchovis, die ich anfangs für Sardinen gehalten hatte.
Zuhause angekommen, wurden die Fische gesäubert, schnell unter kaltem Wasser gewaschen und mit Küchenkrepp abgetrocknet. Ich legte sie auf eine ausreichend große Platte, schnitt einige hauchfeine Speckstreifen zu, die ich in den Bauch der Rascasse legte, brach handbreite Stücke von der Fenchelstaude, um sie in die Sardinen und Makrelen zu stecken, band einen duftenden Strauß aus frischem Salbei, Lorbeer, Rosmarin, Thymian und Bohnenkraut und legte diesen ebenfalls zu den Fischen.
In einer kleinen Porzellanschüssel zerrieb ich drei Knoblauchzehen zu einem glatten Mus, rührte langsam Olivenöl darunter, gab einen Spritzer Essig hinzu und schmeckte diese Sauce, mit der die Fische kurz vor dem Grillen und während des Grillens bestrichen werden sollten, mit Pfeffer und Salz ab.
Währenddessen bereitete mein Mann, umringt von unseren Gästen, in dem kleinen Hof den Holzkohlegrill vor. Weinwurzeln und Olivenholz wurden zu einem Feuer geschürt, um den Fischen ein feines Bouquet zu geben. Als von dem Holz nur noch die rotleuchtende Glut übrigblieb, legten wir die mit der Sauce beträufelten Fische auf den Rost. Nach ein paar Minuten wurden sie auf die andere Seite gedreht. Die knusprig-braune Haut war aufgesprungen, das weiße Fischfleisch schaute hervor. Während des Grillens wurden die Fische mit dem in die Sauce getauchten Kräuterstrauß bestrichen. Als sie, zuerst die kleinen, dann die großen, “à point”, also gerade recht zum Verzehr waren, trugen wir sie auf und reichten dazu einen kühlen, weißen trockenen “Saint Estève”.

Mit den Kühltransportern sind die Rezepte der traditionellen Küstenküche ins Landesinnere gekommen und werden heute auch hier praktiziert.

Ich bevorzuge den Fisch "au naturel". Sparsam mit aromatischen Kräutern gewürzt, soll der Eigengeschmack unterstützt werden. Ob auf dem Grill, im Backofen oder in der Pfanne gebraten oder in einer würzigen *Court bouillon* gegart, alles ist gut und richtig, wenn nur der Eigengeschmack des Fisches erhalten wird.

## Thon à la bonne femme

*ca. 800 g Thunfisch, 2 Knoblauchzehen, 1 Bouquet garni, 2 Zwiebeln, 2 EL Olivenöl, 1 Bund Petersilie feingehackt, 5 große Tomaten, 1 Thymianzweig, 1 Prise Cayenne, 1 Eigelb, Essig*

## Thunfisch nach Hausfrauenart

Den Thunfisch unter fließendem Wasser waschen. In einem Topf Wasser mit einer Knoblauchzehe, dem *bouquet garni,* 1 Zwiebel und einem Spritzer Essig zum Kochen bringen. Den Fisch hineingeben und ca. 15 Minuten ziehen lassen. Anschließend herausnehmen, häuten und in Stücke teilen und warmstellen.
Olivenöl erhitzen, darin die zweite feingehackte Zwiebel glasig dünsten, dann den Knoblauch, die Petersilie, die Tomaten, Thymian und Cayenne-Pfeffer hinzufügen, aufkochen lassen. Im Mixer pürieren, nochmals aufkochen lassen, den Thunfisch hineingeben und ca. 5 Minuten ziehen lassen. Vom Herd nehmen und das Eigelb unterrühren. Mit frischer, gehackter Petersilie bestreut servieren.

## Le thon au gril

*1-2 Scheiben Thunfisch (je nach Größe), 1 Ei, Paniermehl, Zitrone, Pfeffer und Salz*

## Gegrillter Thunfisch

Den Thunfisch salzen, pfeffern, in dem verschlagenen Ei und Paniermehl wenden. Im vorgeheizten Grill grillen. Die Grillzeit richtet sich nach der Dicke der Thunfisch-Scheiben. Normalerweise 5 bis 8 Minuten pro Seite. Mit Zitrone dekoriert servieren. Dazu kann eine *Sauce tomate provençale* oder eine *Sauce aux herbes* gereicht werden.

## Ragoût de thon aux pommes de terre

*1-2 Scheiben Thunfisch (je nach Größe), 500 g Kartoffeln, geschält und in Scheiben geschnitten, 3 Tomaten, gehäutet und in Würfel geschnitten, 1 Zwiebel feingehackt, 4 Knoblauchzehen feingehackt, 4 EL Olivenöl, 1 rote Paprikaschote in Streifen geschnitten, 2 EL Petersilie feingehackt, 1 Lorbeerblatt, Salz und Pfeffer, 4 Scheiben geröstetes Weißbrot*

## Eintopf mit Thunfisch und Kartoffeln

In einem irdenen Topf das Olivenöl erhitzen, Zwiebel und Knoblauch glasig dünsten, Tomaten und die übrigen Zutaten hinzufügen. Salzen, pfeffern und ca. 5 Minuten köcheln lassen. Den Fisch in die Sauce geben, wenn nicht genügend Flüssigkeit vorhanden ist, mit wenig Wasser oder Wein auffüllen, sodaß der Fisch bedeckt ist. Ca. 1 Stunde auf kleiner Flamme ziehen lassen. Sehr heiß zu geröstetem Weißbrot servieren. Das geröstete Brot mit Knoblauch abreiben.

## Geschmorter Thunfisch

Die feste Haut, die den Thunfisch umgibt, entfernen. Die Zwiebeln in feine Scheiben schneiden. Eine feuerfeste Form ausfetten, eine Schicht Zwiebeln, eine Schicht Tomatenpüree, Fischscheiben, einige Zitronenscheiben und wieder eine Lage Zwiebeln und Tomaten in die Form geben. Würzen und mit trockenem Weißwein auffüllen. Mit Aluminiumfolie fest verschließen und ca. 90 Minuten bei 200°C im Backofen backen.
Das *Tomatenpüree* bereiten Sie folgendermaßen zu: in 2 Eßlöffel Olivenöl je eine kleine feingehackte Zwiebel und eine Knoblauchzehe glasig dünsten, die gehäuteten, entkernten, kleingeschnittenen Tomaten hinzufügen. Mit Salz und Pfeffer würzen. Während 30 Minuten zugedeckt kochen lassen, den Deckel abnehmen und weitere 15 bis 20 Minuten kochen. Durch ein Haarsieb streichen oder im Mixer pürieren.

## Le thon à l'étouffée

*1-2 Scheiben Thunfisch (je nach Größe), 5-6 Zwiebeln, ca. 1/2 l Tomatenpüree, Salz, Pfeffer, 1 Zitrone, trockener Weißwein*

## Makrele mit Petersilie und Knoblauch gefüllt

Die Makrelen reinigen, ausnehmen, die Leber zur Seite legen. Um die Gräten zu entfernen, öffnet man den Fisch an der Bauchseite, schiebt einen Finger unter die Gräte und zieht am Kopf beginnend die Gräte heraus. Knoblauch und Petersilie fein hacken, mit ca. 40 g Butter und der Fischleber vermischen. Den Fisch mit der Farce füllen, mit einem Spießchen zustecken und in eine Gratinschüssel geben. Salzen, pfeffern, mit Weißwein auffüllen und im Backofen bei ca. 200°C 30 Minuten backen.

## Les maquereaux farcis au persil et l'ail

*1 Makrele pro Person, 2 Knoblauchzehen, 2 Petersilienstengel, 40 g Butter, Salz und Pfeffer, Weißwein*

## Makrelen mit Fenchel

Die Makrelenfilets in gesalzenem Wasser ca. 2 Minuten blanchieren, sofort mit kaltem Wasser abschrecken. Die Fenchelknollen waschen, in Streifen schneiden, in Butter andünsten, mit Salz, Pfeffer und Curry würzen, *crème fraîche* hinzufügen und gar dünsten. Kurz vor dem Servieren die Filets vorsichtig hinzufügen, weitere 5 Minuten leicht ziehen lassen. Die Filets auf einer Platte anrichten, mit Fenchelstreifen umlegen, die Sauce darübergeben.

## Filets de maquereaux au fenouil

*4 Makrelen (entgräten lassen wenn möglich. Sollte das nicht möglich sein, siehe Maquereaux farcies...).*
*2 Fenchelknollen, 40 g Butter, Salz und Pfeffer, 1 Prise Curry, 2 cl Crème fraîche*

## Ratatouille von Fischen mit Oliven

Die Tomaten und Zwiebeln häuten, in Stücke bzw. Scheiben schneiden und in Olivenöl anschmoren. Oliven, Thymian, Salbei und Lorbeer, Salz und Pfeffer hinzufügen. 20-30 Minuten dünsten lassen. Die in Stücke zerteilten Fische in diese Sauce geben, zugedeckt ca. 20 Minuten köcheln, eher ziehen lassen. Mit gehackter Petersilie bestreut servieren. Sollte ein Rest bleiben, so schmeckt er ebensogut kalt, mit wenig Zitronensaft beträufelt.

## Ratatouille de poissons aux olives

*6 Personen*
*500 g Kabeljau, 500 g Seeaal, 600 g Rotzungenfilet, 500 g Tomaten, 500 g Zwiebeln, 100 g schwarze Oliven, Thymian, Lorbeer, Salbei, Petersilie, 6 EL Olivenöl, Pfeffer, Salz*

## Dorade farcie

*1 Dorade (ca. 1,2 kg), 1 Scheibe altbackenes Weißbrot oder 1 Brötchen, 20 cl Milch, Salz und Pfeffer, 1 Messerspitze Muskatnuß, 1 Ei, 100 g Champignons feingeschnitten, 1 Bund Petersilie feingehackt, 1 Knoblauchzehe zerdrückt, 4 EL Olivenöl, 1 Zitrone in Scheiben geschnitten, 30 g Butter, 10 cl trockener Weißwein*

## Gefüllte Dorade

In einer Kasserolle Weißbrot und Milch zusammen aufkochen lassen und zu einem Brei verrühren. Vom Feuer nehmen, salzen, pfeffern und mit Muskat würzen. Champignons, das Ei, Knoblauch und Petersilie hinzufügen, alles gut vermengen. Eine feuerfeste Form mit Öl ausstreichen, den Boden der Form mit Zitronenscheiben auslegen. Den Fisch säubern, leicht salzen und pfeffern, mit Zitrone einreiben und mit der Farce füllen. Auf die Zitronenscheiben legen, mit Olivenöl beträufeln und mit kleinen Butterflöckchen belegen. Bei 220°C ca. 30 Minuten backen, dann den Weißwein hinzufügen und in ca. weiteren 15 Minuten zu Ende garen.

## Dorade au feu de bois

*1 Dorade von ca. 1 bis 1,5 kg oder 2 kleinere Fische, 7 EL Olivenöl, 4 Knoblauchzehen feingehackt, Saft von 2 Zitronen, Salz und Pfeffer*

## Dorade auf dem Holzkohlenfeuer gegrillt

Hier muß es nicht eine Dorade sein, es könnte ebenso ein Barsch, eine Makrele oder ein Merlan sein.

Den Fisch säubern, unter fließendem Wasser waschen, mit Küchenkrepp trocknen. Reichlich mit Olivenöl einreiben, salzen, pfeffern und auf den Grill legen. Für jede Seite sollten 15 Minuten genügen.

Währenddessen ca. 6 Eßlöffel Olivenöl erhitzen, den Knoblauch hinzufügen und einige Minuten schmoren lassen. Die Kasserolle vom Feuer nehmen und den Zitronensaft unterrühren.

Wenn die Fische gar sind, diese öffnen, und mit dem Jus beträufeln. Sofort servieren.

## Rougets à la provençale

*1,5 kg Rotbarben, 4 EL Olivenöl,*
*1 Zitrone in Scheiben geschnitten,*
*1 Orange in feine Scheiben geschnitten,*
*2 Tomaten gehäutet, entkernt, in feine Scheiben oder kleine Würfel geschnitten,*
*2 Fenchelzweige, 1 EL Basilikum,*
*1 EL Kapern*

## Rotbarben nach provenzalischer Art

Die Fische säubern, mit kaltem Wasser abspülen, trocknen, innen und außen salzen und pfeffern.

In einer Pfanne mit Olivenöl von beiden Seiten anbraten. Eine feuerfeste Form mit Olivenöl ausstreichen. Die Zitronen- und Orangenscheiben auf den Boden der Form verteilen, darüber das Basilikum, die Tomaten und die Fische.

Mit den kleingeschnittenen, wenn die Zweige trocken sind, kleingebrochenen Fenchelzweigen überstreuen, leicht mit Olivenöl beträufeln und im Backofen bei 200°C ca. 20 Minuten backen.

Das Gericht wird wie alle Gratins in der Gratinform serviert.

# Les viandes
# Fleisch

An Markttagen bringt mir Monsieur Froman hin und wieder ein Kaninchen ins Haus, das er selbst aufgezogen hat. Er wohnt außerhalb des Dorfes und man trifft ihn nur am Mittwoch im Ort, nämlich dann, wenn er Vorräte für die Woche einkauft.
Als er das erste Mal ein Kaninchen brachte war ich zutiefst erschrocken, ein kleines, niedliches, schwarz-weißes Kaninchen zusammengekauert auf dem Boden seiner großen schwarzen Einkaufstasche zu sehen. In diesem Augenblick fiel mir ein, daß man ja in Frankreich auf dem Lande Kleintiere meist lebend verkauft. Es bedurfte schon einiger Überzeugungskünste Monsieur Froman klarzumachen, daß ich es vorzöge, ein geschlachtetes Tier zu kaufen.
Ab der darauffolgenden Woche konnte ich von Monsieur Froman ein "bratfertiges" Kaninchen erwarten.

Auf jeder "ferme", so nennt man hier die Bauernhöfe, werden Kaninchen, Hühner, Perlhühner, Tauben, kurz alle Kleintiere gehalten. Da fast alle Familien auf eine lange Tradition zurückblicken können, haben sich im Laufe der Zeit verschiedene Arten der Zubereitung herausgebildet. Natürlich spielen bei allen Rezepten Kräuter eine große Rolle. Durch die vielen Einladungen, die wir im Laufe der Jahre erhielten, habe ich die unterschiedlichsten Zubereitungsarten kennengelernt und die interessantesten Rezepte hier zusammengestellt.

## Lapin mariné

*1 Kaninchen 1,5 bis 2 kg in 6 Stücke zerteilen. Marinade: 5 EL Olivenöl, 2 EL Rosmarin, 2 feingehackte Knoblauchzehen, 1-2 EL Moutarde de Dijon, Salz und Pfeffer.*

## Mariniertes Kaninchen

In diese Marinade das zerteilte Kaninchen einlegen und 12 Stunden marinieren lassen. Danach alle Teile nochmals kräftig mit der Marinade einreiben und in 3 Eßlöffel Olivenöl anbraten. Den Rest der Marinade mit ein wenig Wasser zu dem Kaninchen geben und zugedeckt 1 1/2 Stunden auf kleiner Flamme köcheln lassen. Vor dem Servieren mit Salz und Pfeffer abschmecken.

## Kaninchen mit provenzalischen Kräutern

## Lapin aux herbes de Provence

*1 Kaninchen von 1,5 kg, fetter Speck in feine Scheiben geschnitten, 2 Tomaten, 4 Knoblauchzehen, Salz und Pfeffer, Olivenöl, Thymian, Rosmarin*

Das Kaninchen in sechs Teile zerteilen, mit Thymian, Salz und Pfeffer einreiben und jedes Teil in eine feingeschnittene Speckscheibe einwickeln. (Das Einfachste ist, Sie lassen sich von Ihrem Metzger große dünne Scheiben Rückenfett bzw. frischen Speck schneiden.)
Fleisch und Speckscheiben mit einem Faden zusammenbinden. In einer Kasserolle, die groß genug ist, die Kaninchenstücke nebeneinander aufzunehmen, Olivenöl erhitzen, das Fleisch darin anbraten.
Mit den gehäuteten, in Viertel geschnittenen Tomaten, dem ungeschälten Knoblauch umlegen, mit Thymian und ein wenig Rosmarin überstreuen. Auf kleiner Flamme in 1 Stunde gar schmoren. Dabei die Kaninchenteile immer wieder mit dem austretenden Jus übergießen. Wenn nicht genügend Flüssigkeit vorhanden ist, so nehmen Sie ein wenig Hühnerbouillon. Vor dem Servieren die Fäden entfernen.

## Kaninchen gewürzt mit Quendel

## Lapin au serpolet

*1 Kaninchen, 1 großes Bouquet Quendel (frisch), Salz und Pfeffer, Olivenöl, 2-4 Knoblauchzehen, 1 Tasse Hühnerbrühe*

Das vorbereitete Kaninchen zerteilen und jedes Teil kräftig mit Quendel einmassieren. In eine Schüssel legen, reichlich mit Quendel bedecken und zugedeckt einen halben Tag stehen lassen. In einer Kasserolle Olivenöl erhitzen, die Kaninchenteile (ohne Quendel) scharf anbraten, den Knoblauch hinzugeben, salzen, pfeffern und mit einer Tasse Bouillon auffüllen. Ca. 50 Minuten braten lassen. Immer wieder wenden und mit dem Jus begießen. Der Quendel kann ersetzt werden durch Rosmarin, Thymian oder Bohnenkraut.

## Kaninchenragout

## Civet de lapin

*1 Kaninchen, 100 g Speck, 1 Zwiebel, 1-2 Tassen Bouillon,*
*Marinade: 1 Glas Rotwein, 1 EL Essig, 1 Bouquet garni (Thymian, Lorbeer, Quendel), 1 Zwiebel in Ringe geschnitten, Pfeffer, Salz*

Das Kaninchen zerteilen. Die Marinade mit den angegebenen Zutaten herstellen und über die Kaninchenteile geben und 12 Stunden marinieren lassen.
Den Speck auslassen und darin die abgetrockneten Kaninchenteile scharf anbraten, die feingehackte Zwiebel hinzufügen und Farbe nehmen lassen, mit der Marinade ablöschen und ein wenig einkochen lassen. Einen gehäuften Eßlöffel Mehl mit kaltem Wasser anrühren und in die kochende Sauce geben, mit Bouillon auffüllen. Mit Salz und Pfeffer abschmecken, das *bouquet garni* hinzugeben und garkochen lassen.
Die Kaninchenleber in einer Pfanne in Schmalz von beiden Seiten ca. 2-3 Minuten braten und kurz vor dem Servieren in die Sauce geben. Die traditionelle Zubereitung schreibt vor, das beiseitegestellte Kaninchenblut unterzurühren. Aber das ist Geschmacksache.
Vorsicht, die Sauce darf nicht mehr zum Kochen kommen. Mit wenig Essig, Salz und Pfeffer abschmecken.

## Lapin sur lit de poireaux

*1 Kaninchen in 6 Stücke zerteilen, 800 g Lauch, 70 g Butter, 2 Knoblauchzehen, 3 EL Senf, 1 EL Olivenöl, 1/2 Glas Weißwein (trocken), Salz und Pfeffer*

## Kaninchen auf Lauch

Lauch waschen und in Stücke schneiden, in Salzwasser blanchieren, abgießen und abtropfen lassen. In eine feuerfeste gebutterte Form schichten, salzen, pfeffern und mit kleinen Butterstückchen belegen.
Olivenöl, feinzerdrückten Knoblauch, Senf, Pfeffer und Salz zu einer Paste verrühren. Die Kaninchenteile damit bestreichen und auf das Lauchbett legen. Den Wein hinzufügen und im Backofen bei 200°C 1 bis 1 1/2 Stunden zugedeckt braten.

## Lapin aux olives vertes

*1 Kaninchen, 100-150 g grüne entsteinte Oliven, 3-5 EL Olivenöl, 1/4 l Weißwein, 2 Knoblauchzehen, Thymian, Rosmarin, 1 Lorbeerblatt*

## Kaninchen mit grünen Oliven

Das vorbereitete Kaninchen in Stücke teilen, in Olivenöl von allen Seiten anbraten, den feingehackten Knoblauch und die Kräuter hinzufügen, mit Weißwein ablöschen und gar schmoren lassen. 1/4 Stunde bevor das Kaninchen serviert werden soll, die Oliven zugeben. Mit Salz und Pfeffer und wenig *crème fraîche* abschmecken.

## Lapin au romarin

*1 Kaninchen, 3-5 EL Olivenöl, 3-4 Knoblauchzehen, 2 EL Rosmarin, 2 Karotten, 2 Tassen Hühnerbrühe, 2 Tassen Weißwein, Salz und Pfeffer*

## Kaninchen mit Rosmarin

Das Kaninchen waschen, trocknen, in kleine Stücke teilen und in Olivenöl anbraten, salzen, pfeffern, die halbierten Knoblauchzehen, Rosmarin und die in Scheiben geschnittenen Karotten hinzufügen und mit Hühnerbrühe auffüllen. Ca. 1 1/2-2 Stunden auf kleiner Flamme schmoren lassen, sollte zu wenig Flüssigkeit vorhanden sein, noch etwas Hühnerbrühe oder Wein auffüllen.
Das Fleisch muß sehr weich sein, nahezu vom Knochen fallen.

## Lapin à l'ail

*1 Kaninchen, 5 EL Olivenöl, 1 Knolle Knoblauch, 1 großes Bouquet garni (mit Thymian, Rosmarin und Lorbeer), Pfeffer und Salz*

## Kaninchen mit Knoblauch

Das Kaninchen waschen, trocknen und in Stücke zerteilen, mit Pfeffer, Salz und Olivenöl einreiben. In einer Kasserolle Olivenöl erhitzen, die halbierten Knoblauchzehen (wenn der Knoblauch ganz frisch ist, ungeschälte ganze Zehen verwenden) und die Kräuter hineingeben. Das Kaninchen darüber verteilen und fest zugedeckt im Backofen bei 200°C ca. 1 1/2 Stunden backen. Dazu werden *croûtons,* kleine geröstete Weißbrotscheiben gereicht, auf die man den Knoblauch streichen kann.

Unsere Nachbarn haben einen Teil ihres Hauses nicht bewohnt. Dafür wohnen dort an die zwei Dutzend Tauben, die täglich von Emanuel mit Körnern versorgt werden. Wenn sie sich zu einer Plage entwickeln, werden sie dezimiert und wandern in den Kochtopf. Hin und wieder auch in unseren. Hier einige meiner liebsten Rezepte für Täubchen.

## Pigeons à la bonne femme

*4 Tauben (pro Person eine Taube), 4 große Scheiben frischer Speck (Rückenfett), 4 Zweige Thymian, 4 Knoblauchzehen, 3-5 EL Olivenöl, Pfeffer, Salz*
*1 Bouquet garni*
*1 Glas Weißwein*

## Täubchen nach Hausfrauenart

Die Tauben, falls sie nicht bratfertig sind, rupfen, kurz abflammen, am besten mit einem Gasfeuerzeug, ausnehmen, schnell unter fließendem kalten Wasser waschen und mit Küchenkrepp abtrocknen. Die Taubenbrust mit dem frischen Speck umwickeln und festbinden. Innen und außen salzen und pfeffern, je 1 Knoblauchzehe und ein Thymianzweiglein in den Bauch stecken. In einer Kasserolle Olivenöl erhitzen, kurz vor dem Rauchpunkt die Täubchen hineingeben und scharf an allen Seiten anbraten, dann mit wenig Brühe und dem Wein ablöschen, das *bouquet garni* hinzufügen, ca. 20 – 30 Minuten – je nach Alter der Taube – zugedeckt schmoren lassen. Mir ist es schon passiert, daß selbst nach 1 Stunde die Taube nicht weich wurde.
Das *bouquet garni* entfernen, den Jus ein wenig einkochen lassen und extra in einer Sauciere zu den Tauben servieren.
Zu den Tauben können Sie nahezu jedes Gemüse, blanchiert, in Butter geschwenkt oder gratiniert, servieren.

## Pigeon rôti au lard

*4 Tauben, 4 Scheiben fetter Speck, 70-100 g fetter Speck in Würfel geschnitten, Salz und Pfeffer,*
*1 Bouquet garni*

## In Speck gebratene Tauben

Die vorbereiteten Tauben auf der Brustseite mit den Speckscheiben umwickeln, innen und außen leicht salzen. Den in Würfel geschnittenen Speck in einer Kasserolle auslassen, kurz vor dem Rauchpunkt die Tauben hineingeben und von allen Seiten scharf anbraten. Das *bouquet garni* hinzufügen und mit 1-2 Tassen Wasser ablöschen. Zugedeckt schmoren lassen. Die letzten 10 Minuten, bevor die Tauben gar sind, den Deckel der Kasserolle abnehmen, damit die Flüssigkeit reduziert wird. Schmeckt vorzüglich mit verschiedenen nur in Butter geschwenkten Gemüsen und gratinierten Kartoffeln.

## Pigeon aux olives

*4 Tauben, 200 g geräucherter magerer Speck in Würfel geschnitten, 1 EL Schmalz, 1 kleine Zwiebel feingehackt, 2 Knoblauchzehen, 2 Tomaten, gehäutet, entkernt und feingehackt, 1 Glas trockener Weißwein, 1/2 Glas Brühe, 1 EL Mehl, 100 g grüne Oliven, 1 Bouquet garni*

## Täubchen mit Oliven

Die Tauben, wie bereits beschrieben, vorbereiten. In einer Kasserolle Schmalz erhitzen, den gewürfelten Speck darin auslassen und die Tauben von allen Seiten anbraten. Zwiebel, die zerdrückten Knoblauchzehen, Tomaten, das *bouquet garni* hinzufügen und ca. 5 Minuten mitschmoren lassen. Mit dem Wein und der Brühe ablöschen, zugedeckt garen. Das Mehl mit einer Tasse Wasser verrühren, sodaß keine Klumpen bleiben und in den kochenden Jus rühren. Wenn die Sauce zu dick sein sollte, ein wenig Brühe oder Wasser hinzufügen. Mit Salz, Pfeffer (Vorsicht!) und evtl. etwas Weißwein abschmekken. Kurz vor dem Servieren die grünen Oliven hinzugeben.

Nach demselben Rezept läßt sich eine junge Ente zubereiten.
Man findet nicht viele Rezepte, die sich mit der Zubereitung einer Ente beschäftigen. Ich habe in all den Jahren Ente nur "à l'orange" oder "aux olives" gegessen.

## Ente mit Orange

Achten Sie bitte darauf, eine wirklich junge Ente zu finden, denn sonst ist diese Art der Zubereitung nicht angebracht. Ältere Tiere sollte man im Backofen schmoren.
Die Ente – natürlich ausgenommen – waschen und mit Küchenkrepp abtrocknen, innen und außen salzen und pfeffern. Auf einen Grillspieß stecken und grillen.
Nach ca. 50–60 Minuten sollte die Ente knusprig braun gebraten, innen jedoch noch rosa sein.
Die Ente vom Spieß nehmen und warmhalten, den sich angesammelten Bratenjus in einen kleinen Topf geben, entfetten und eine Tasse Brühe hinzufügen, mit der in kaltem Wasser aufgelösten Stärke andicken, den Saft einer halben Orange hinzufügen. Die äußere Haut der Orange sehr fein abschälen (nichts von der weißen dicken Haut!) und in möglichst feine schmale Streifen schneiden. 1 Minute in kochendes Wasser legen, abtropfen lassen und ebenfalls in die Sauce rühren.
Die Ente am Tisch zerteilen, die Sauce dazu reichen.

## Canard à l'orange

*1 junge Ente, 1 Tasse Brühe, 1 ungespritzte Orange, 1 TL Stärkemehl, Salz und Pfeffer*

## Huhn mit Anchovis

Das vorbereitete Huhn waschen und mit Küchenkrepp trocknen. Eine Farce herstellen aus dem in Milch eingeweichten Weißbrot, der feingehackten Leber, den feingehackten Oliven, dem Ei, 100 g des Räucherspecks in möglichst feine Würfel geschnitten und mit Salz und Pfeffer würzen. Mit dieser Farce das Huhn füllen und zunähen. Den restlichen Speck in Streifen schneiden und abwechselnd mit den Anchovis-Filets unter die Haut des Huhns stecken. Das so vorbereitete Huhn in eine mit dem Öl ausgestrichene feuerfeste Form legen, mit einigen Butterflöckchen abdecken, die Kräuter hinzufügen und in den auf 200 bis 220°C vorgeheizten Backofen geben. Mit einem Thymianzweig das austretende Fett hin und wieder über das Huhn streichen. Nach etwa 50 bis 60 Minuten dürfte das Huhn gar sein.

## Poulet aux anchois

*1 Huhn von ca. 1,5 kg, 130 g geräucherter Speck, 60 g Weißbrot, 1 Tasse Milch, 7 schwarze Oliven, 1 Ei, Pfeffer, Salz, 8 Anchovis-Filets in Öl, 2 EL Olivenöl, 30 g Butter, 1 Lorbeerblatt, 2 Thymianzweige*

## Huhn mit Estragon

In einem Topf die Hühnerteile in der Butter andünsten, nicht Farbe nehmen lassen und ca. 20 Minuten schmoren, eventuell etwas Wasser hinzufügen. Salzen, pfeffern, das *bouquet garni* hinzufügen, ebenso die Schalotten, den Madeira, die in Scheiben geschnittene Karotte und zugedeckt ca. 1 Stunde köcheln lassen.
Die Hühnchenteile auf einer Platte anrichten und warmstellen, das *bouquet garni* und die Karottenscheiben entfernen, *crème fraîche* unterrühren, vom Feuer nehmen. Eigelb, Weißwein, die zerdrückte Knoblauchzehe und den Estragon hinzufügen, über das Hühnchen geben und servieren.

## Poulet à l'estragon

*1 Huhn von 1,5 kg in Stücke zerteilt, 50 g Butter, 4 Schalotten, 1 Karotte, 1 EL Madeira, 10 cl trockener Weißwein, 1 Knoblauchzehe, 1 Eigelb, 30 cl Crème fraîche, ca. 4 EL feingehackter frischer Estragon, 1 Bouquet garni mit Estragon*

## Poulet au vin rouge

*1 Huhn von 1,5 kg in Stücke zerteilt, 1 mittelgroße Zwiebel feingehackt, 2 Knoblauchzehen feingehackt, 24 grüne Oliven feingehackt, 15 cl trockener Rotwein, 1 Lorbeerblatt, 1 TL Origano, 1/2 TL Piment, 1 EL Mehl, 2 EL Olivenöl, Salz und Pfeffer*

## Huhn in Rotwein

Die Hühnchenteile in Olivenöl leicht anbraten, mit wenig Wasser ablöschen, Lorbeerblatt und Salz hinzufügen, zum Kochen bringen und während ca. 20 Minuten leise kochen. Dann Zwiebeln, Knoblauch, Origano, Piment hinzugeben und gar kochen lassen. Vor dem Servieren Oliven und Wein hinzugeben, Mehl mit wenig Wasser verrühren und damit die Sauce anbinden. Noch ca. 5 Minuten ziehen lassen und servieren. Anstelle des Mehls kann man 2-3 Eßlöffel *crème fraîche* in die Sauce rühren oder mit etwas Mehlbutter (Mehl mit 1 EL Butter verknetet) binden.

## Poule au pot Henri IV

*1 Huhn von 1,2 -1,5 kg, 6-8 Karotten, 1 Selleriestaude, 6-8 kleine Zwiebeln, 2 Fenchelknollen, 1 Bouquet garni, wenn man möchte 2 Lauchstangen (nur das Weiße), 4 kleine Kartoffeln, schwarze Pfefferkörner und Salz*

## Huhn nach Art Heinrichs IV

Heinrich IV. war der König, der jedem Untertan am Sonntag ein Huhn auf den Tisch versprach. Es gibt verschiedene Rezepte, die darauf zurückgehen – hier ist eines. Das vorbereitete Huhn in kochendes Salzwasser geben, das *bouquet garni,* einige schwarze Pfefferkörner zugeben und leise ca. 20 Minuten köcheln lassen. Währenddessen das Gemüse putzen und dem Huhn beigeben. Alles miteinander gar kochen und auf einer Platte anrichten. Die Suppe kann man gleichzeitig in Suppentassen servieren oder für eine andere Mahlzeit aufheben. Zu diesem Gericht serviert man Reis.

## Poulet à la provençale

*1 Huhn von 1,5 kg in Stücke zerteilt, 2 Zwiebeln feingehackt, 4 Tomaten gehäutet, entkernt und geviertelt, 2 Knoblauchzehen, 2 Nelken, 1 Bouquet garni, 1 Prise Safran, 100 g schwarze Oliven, 10 cl trockener Weißwein, 6 EL Olivenöl, Salz und Pfeffer*

## Huhn auf provenzalische Art

In einer Kasserolle Olivenöl erhitzen, die Hühnerteile darin anbraten, herausnehmen, zur Seite stellen. Zwiebeln, Tomaten und Knoblauch andünsten, das Hühnerfleisch hinzufügen, ebenso die Gewürze, den Wein und die Oliven. Salzen und pfeffern und ca. 1 Stunde leise garen lassen. Abschmecken und servieren.

## Poulet aux morilles

*1 Huhn von ca. 1,5 kg in Stücke zerteilt, 50 g getrocknete Morcheln, 150 g Butter, 1 Strauß Petersilie, 1 große Zwiebel, ca. 20 cl trockener Weißwein, 50 cl Crème fraîche, 1 Eigelb, 1 EL Speisestärke, 1 Knoblauchzehe fein zerdrückt*

## Huhn mit Morcheln

Die Morcheln in einem Schüsselchen in lauwarmem Wasser 2 Stunden einweichen. 100 g Butter auflösen und die Hühnchenteile darin anschmoren (keine Farbe nehmen lassen). Petersilie, Salz, Pfeffer, Zwiebel, das Huhngerippe und Wein hinzufügen und leise auf kleiner Flamme ca. 30 Minuten köcheln lassen. Die Morcheln unter fließendem Wasser waschen und in der restlichen Butter ca. 10 Minuten andünsten. Kurz bevor das Huhn gar wird, Petersilie, das Huhngerippe und die Zwiebel entfernen. Morcheln und *crème fraîche* hinzufügen und leise bis zum Garwerden weiterkochen. Vor dem Servieren Hühnerteile herausnehmen, auf einer Platte anrichten und warmstellen. In dem

Eigelb die Speisestärke auflösen und unter die Sauce rühren. Den fein zerdrückten Knoblauch und den Wein hinzufügen. Über das angerichtete Huhn geben und servieren.

## Geschmortes Huhn mit Kräutern

## Poulet sauté aux aromates

*1 Huhn von ca. 1,5 kg, 3-5 EL Olivenöl, 1 Glas trockener Weißwein, 2 Anchovis-Filets, 3 Tomaten gehäutet, entkernt und geviertelt, 100 g schwarze, entsteinte Oliven, 2 Knoblauchzehen fein zerdrückt, 1-2 EL Basilikum, 1 Prise Majoran, 1 Prise Bohnenkraut, 1 Lorbeerblatt, 1 Bund Petersilie feingehackt*

Das Hühnchen zerteilen und in einem Schmortopf mit heißem Olivenöl anbraten, ohne stark Farbe nehmen zu lassen. Salzen, pfeffern nach Geschmack. Auf kleinem Feuer köcheln lassen, häufig wenden und wenn notwendig, etwas Wasser hinzufügen. Wenn das Huhn gar ist, auf einer Platte anrichten und warmstellen. In den Topf den Wein, die feingehackten Anchovis, die Tomaten, den Knoblauch, die Oliven und bis auf die Petersilie alle Kräuter geben, ca. 10 Minuten ziehen lassen. Die feingehackte frische Petersilie in die Sauce rühren, über das Huhn geben und servieren.

## Gefülltes Brathuhn

## Poulet farci rôti

*1 Huhn von 1,5 kg, 100 g Kalbfleisch, 150 g Geflügelleber, 100 g gemischtes Hackfleisch, 1 Brötchen, 1 Ei, 4 Knoblauchzehen, 50 g schwarze Oliven, 1 Bund Petersilie, 50 g Butter, 100 g Speckstreifen (3 mm dick), Salz und Pfeffer*

Das Huhn vorbereiten, innen und außen salzen. Die Farce herstellen. Brötchen in Milch einweichen, kräftig ausdrücken und mit dem Kalbfleisch, der Geflügelleber, den entkernten Oliven, der Petersilie und dem Knoblauch durch den Fleischwolf geben. Mit dem Hackfleisch und dem Ei vermengen, mit Salz und Pfeffer würzen. Das Huhn mit dieser Farce füllen und auf eine feuerfeste gebutterte Platte geben und mit Butterflöckchen belegen. Im auf 220°C vorgeheizten Backofen ca. 60 Minuten backen.
Man kann, wenn man möchte, um das Huhn Zucchini in Scheiben geschnitten oder Kartoffeln in Stücke geschnitten legen, mit Olivenöl ein wenig beträufeln und mitgaren.

## Huhn mit Kräutern gefüllt

## Poulet farci aux herbes

*1 Huhn von 1,5 kg, 4 Stangen Lauch, 1 Selleriestaude, 4 Kartoffeln, 4 Karotten, 1 Bouquet garni, schwarze Pfefferkörner, Salz, Farce: 6 EL Petersilie feingehackt, 1 Selleriezweig, 2 EL Schnittlauch gehackt, 1 TL Thymian, 2 Knoblauchzehen, 1 Zwiebel, 2 Schalotten, 1-2 Semmeln, Milch, 3 Scheiben roher Schinken, 1 Ei, 1 EL Butter, Salz, Pfeffer und die Hühnerleber*

Das Huhn vorbereiten, innen und außen salzen und pfeffern. Die Farce herstellen. Semmel in Milch einweichen, ausdrücken und mit den Kräutern vermischen. In einer Pfanne den kleingeschnittenen Schinken anbraten, zur Seite stellen, in der gleichen Pfanne die feingehackte Zwiebel und die Schalotten glasig dünsten und zu dem Schinken geben. Dann ein wenig Butter in die Pfanne geben und die Leber von beiden Seiten ca. 4 Minuten braten, klein schneiden und mit gehacktem Knoblauch und den restlichen Zutaten gut vermengen, salzen, pfeffern und in das Huhn füllen, zunähen und das Huhn zusammenbinden, das heißt, die Beine, den Hals und die Flügel dicht an den Körper binden. Mit kaltem Wasser aufsetzen, das *bouquet garni* und die Pfefferkörner hinzufügen, salzen und alles zum Kochen bringen. Ca. 1 Stunde kochen lassen, immer wieder abschäumen. Dann nach und nach das Gemüse hinzufügen und garen lassen. Das Huhn von Bindfäden befreit auf einer Platte anrichten und mit dem Gemüse umlegen.

Ein sehr beliebtes Geflügel ist die "pintade" oder "pintadeau", das Perlhuhn. Geschmacklich liegt es zwischen einem Haushuhn und einem Wildfasan.
Es ist in vielen Familien der traditionelle Weihnachtsbraten, gefüllt mit Trüffel und in feine Speckstreifen gewickelt, dazu werden "les cardes", wilde Artischocken, gegessen.

## Pintade aux truffes

*1 Perlhuhn, 150 g frischer fetter Speck, 4-5 Trüffel, Salz, Pfeffer, Olivenöl*

## Perlhuhn mit Trüffel

Den Speck in feinste Würfel schneiden, ebenfalls die Leber des Perlhuhns. Die Trüffel schälen, die Schalen mit dem Speck und der Leber zusammenmengen, fast möchte ich sagen stampfen, (die Trüffelschalen sollen nur Geschmack abgeben, sie dürfen in der Farce nicht mehr auffallen) mit Salz und Pfeffer abschmecken. Die Trüffel je nach Größe halbieren oder vierteln und zu der Farce geben. Das Perlhuhn mit dieser Farce füllen, zunähen, auf den Grillspieß stecken, leicht salzen, pfeffern und mit Olivenöl bestreichen. Entweder umwickelt man die Brust mit feinen Speckscheiben und schnürt sie zusammen oder man umhüllt das Perlhuhn mit Alufolie, die man nach ca. 35–40 Minuten entfernt und weitere 20 Minuten grillt.
Die Garzeit richtet sich nach der Größe und dem Alter des Perlhuhns. 1 Stunde sollte man normalerweise berechnen. Es empfiehlt sich, das Perlhuhn einen Tag vorher zu füllen, damit die Trüffel ihr Aroma voll entfalten können.

Ein Perlhuhn ohne diese kostspielige Füllung ist natürlich auch sehr schmackhaft.

## Pintade aux girolles

*1 Perlhuhn, 500 g Pfifferlinge, 3-4 EL Olivenöl, 3 Schalotten, 1 Knoblauchzehe, 1 Bund Petersilie, 1 EL Butter, Salz, Pfeffer und Thymian*
*Das Perlhuhn in Stücke zerteilen.*

## Perlhuhn mit Pfifferlingen

2 Eßlöffel Olivenöl in einer Kasserolle erhitzen und die Fleischstücke von allen Seiten darin anbraten. Herausnehmen, 2 feingehackte Schalotten hineingeben und andünsten, die Perlhuhnteile wieder in die Kasserolle geben, pfeffern, salzen und mit wenig Thymian bestreut zugedeckt ca. 30 Minuten schmoren, evtl. etwas Brühe hinzugeben. Währenddessen die Pfifferlinge gründlich putzen und schnell unter fließendem Wasser waschen, abtropfen lassen und in einer Pfanne im restlichen Olivenöl andünsten. Wenn die Flüssigkeit in der Pfanne verdampft ist, Butter, gehackte Petersilie, gehackte Knoblauchzehe und Schalotte hinzufügen, mit Salz und Pfeffer würzen und ca. 15 Minuten bei kleiner Hitze köcheln lassen.
Die Pfifferlinge zu dem Perlhuhn geben und weitere 15 Minuten ziehen lassen.

## Pintade rôtie aux herbes

## Gebratenes Perlhuhn mit Kräutern

Das Perlhuhn wird gesalzen, gepfeffert und mit einem Bouquet aus Petersilie, Thymian, 1 Lorbeerblatt, 2 Knoblauchzehen gefüllt.

Auch hier empfiehlt es sich, die Brust mit feinen Speckstreifen zu umwickeln. Zubereitung wie unter „Perlhuhn mit Trüffel“ beschrieben. Dazu schmecken *croûtons*, mit viel Knoblauch eingerieben, wundervoll.
Als Beilage habe ich einige Male Pilze, genauer gesagt “lactaires délicieux”, Edelreizker, gegessen, die in dem Bratenjus mit reichlich Knoblauch und Petersilie geschmort waren.

## Pute mit Maronenfüllung

## Dinde farcie aux marrons

*1 junge Pute, 1 Pfund Maronen, 500 g Hackfleisch, 1-2 Scheiben frischer Speck (Rückenfett), Salz und Pfeffer*

Die Maronen schälen, die innere Haut läßt sich leichter lösen, wenn man die Maronen kurz in kochendes Wasser gelegt hat. In Bouillon gar kochen und erkaltet unter das Hackfleisch bringen und kräftig mit Salz und Pfeffer würzen.
Die vorbereitete Pute innen und außen salzen, mit der Farce füllen und zunähen. Die Brust mit den Speckscheiben belegen und mit einem Bindfaden zusammenbinden. Im vorgeheizten Backofen bei 200-220°C zugedeckt braten. Immer wieder mit Schmalz oder austretendem Bratfett bestreichen.
Vor dem Servieren Speck und Fäden entfernen, die Sauce extra in einer Sauciere zum Fleisch servieren.
Eine Gans oder Ente kann ebenso zubereitet werden. Nur ist es dann nicht notwendig, die Brust mit Speckstreifen vor dem Austrocknen zu schützen.

Eines Tages lernten wir einen Schäfer kennen, der seine Schafherde durch die Garrigues unweit unseres Dorfes führte. Wir fragten ihn, indem wir auf den ausgedörrten Boden, der von einem Thymianteppich bedeckt war, zeigten, ob er hier für seine Schafe genügend Futter fände. Es mögen an die 70 Schafe gewesen sein, gehütet von zwei struppigen schwarzen Hunden. Er riß einen Thymianstrauch aus dem Boden und hielt ihn uns vor Augen. „Sehen Sie“, sagte er, „diese kleine Pflanze hier hat auf dem steinigen, kargen Boden ihr Auskommen, sie hat sich angepaßt, sie duckt sich flach an den Boden, um sich vor dem Mistral und vor der dörrenden Sonne zu schützen. Sehen Sie, an geschützten Hängen der nahen Hügel – ja da – da werden die Pflanzen 20 cm, ja sogar 30 cm groß, und auf fetten, reichen Böden werden sie gar 40 cm hoch, dick und üppig, aber gänzlich ohne Aroma. Und sehen Sie, mit meinen Schafen ist es genauso. Die fressen dieses aromatische würzige Kraut und haben kaum Gelegenheit Fett anzusetzen, sie bilden gute Muskeln, da sie ständig auf der Suche nach weiterem Futter sind. Ja, wenn es gar zu trocken wird, führe ich sie in die Ebene der Aygues, wo es ein wenig grünes Gras gibt. Aber wissen Sie, das Fleisch der so aufgezogenen Lämmer ist ebenso würzig, wie der Thymianstrauch, den ich hier in Händen halte.“ Und dabei hielt er den kleinen, knorrigen Büschel uns dicht unter die Nase. Ja, vor Jahren habe er sich mit einigen Schäfern zusammengetan und die Schafe während der heißen Sommerzeit mit Lastwagen nach Savoyen gebracht, aber das sei zu teuer geworden. Die Schafe hätten

auch immer sehr unter der Umstellung gelitten, sie seien eben fett und faul im grünen Savoyen geworden. Das Fleisch, meinte er, sei nichts wert. Doch wenn wir uns für diese Dinge interessierten, sollten wir einmal Anfang Mai auf den größten Schafmarkt der Provence, nach Arles gehen. Dort treffen sich alle Schäfer mitsamt ihren Herden, um Zuchttiere auszutauschen und Schafe zu verkaufen.
Eine plausible Erklärung für die ausgezeichnete Qualität des provenzalischen Lammfleisches.

## Lammkotelett mit Kräutern

Die Kräuterzweige und die Lorbeerblätter in das leicht erwärmte Olivenöl geben und einige Stunden darin ziehen lassen. Dann die Koteletts mit diesem Öl bestreichen, pfeffern und salzen. In die Mitte der Tomaten ein Loch stoßen, ein wenig Salz und Pfeffer hineinstreuen, 1 Knoblauchzehe und einige Rosmarinnadeln in die Tomate geben, mit wenigen Tropfen des gewürzten Olivenöls beträufeln und auf die unterste Schiene des vorgeheizten Grills geben. Wenn die Tomaten fast gar sind, die Koteletts im oberen Teil des Grills kurz von beiden Seiten grillen. Tomaten und Fleisch zusammen servieren.

## Côtes d'agneau aux aromates

*4 Lammkoteletts, 4 Tomaten, 1 EL Tomatenmark, 5 - 6 EL Olivenöl, 1 Zweig Salbei, 4 kleine Zweige Rosmarin, 1 Zweig Origano oder je 1 TL der getrockneten Kräuter, 2 Lorbeerblätter, Salz, Pfeffer, 4 Knoblauchzehen*

Ein klassischer Lammbraten ist der im Grill zubereitete "gigot d'agneau", gewürzt mit *herbes de Provence,* Estragon, Rosmarin oder Salbei. Man sollte seine Wahl nach dem Marktangebot frischer Kräuter treffen.

## Gewürzte Lammkeule

Unter die Haut der Lammkeule (nicht ins Fleisch!) 10 - 15 Einschnitte machen, jeweils 1/2 oder 1/4 Knoblauchzehe mit einem Blättchen Salbei unter die Haut schieben, ebenso einige Zehen und Blätter am Knochen entlang legen. Die Keule salzen und pfeffern, mit Olivenöl bepinseln und am Spieß grillen.
Lieben Sie das Fleisch rosé, dann sollte man pro Pfund ca. 15 Minuten rechnen und entsprechend längere Zeit kalkulieren, wenn Sie die Keule durchgebraten bevorzugen. Die Keule während des Grillens immer wieder mit Hilfe eines Salbeisträußchens mit dem Bratenjus bestreichen.

## Gigot d'agneau aux aromates

*1 Lammkeule 1,5 - 2 kg, 5 Knoblauchzehen, Salbei, Olivenöl, Salz und Pfeffer*

## Lammkeule mit Knoblauch

Die Lammkeule entbeinen, innen und außen salzen, pfeffern und mit den Kräutern einreiben. Anstelle des Knochens die ganzen geschälten Knoblauchzehen hineinlegen, zusammenbinden, mit Olivenöl bepinseln und im auf 230°C vorgeheizten Backofen ca. 1 1/2 Stunden braten. Dazu *Tomates à la provençale.*

## Gigot d'agneau à l'ail

*1 Lammkeule von 1,5 - 2 kg, 8 -10 Knoblauchzehen (mindestens), Thymian, Rosmarin oder Herbes de Provence, Salz, Pfeffer und Olivenöl*

## Gigot d'agneau rôti

*4 - 6 Personen*
*1 Lamm- oder Hammelkeule von 1,5 - 2 kg, 5 Knoblauchzehen, 6 Tomaten, 6 kleine Fenchelknollen, 6 Frühlingszwiebeln mit Lauch, ersatzweise 6 kleine Zwiebeln, Salz, Pfeffer, 1 Lorbeerblatt, 1 EL Herbes de Provence, 1 Zweig Salbei oder 1 Kräutersträußchen aus frischem Thymian, Rosmarin und Salbei, 3 - 5 EL Olivenöl*

## Gebratene Lammkeule

Diese Art der Zubereitung eignet sich ebensogut für eine Hammelkeule.
10 - 15 Einschnitte unter die Haut der Lamm- oder Hammelkeule vornehmen, mit halbierten Knoblauchzehen spicken und einige Zehen entlang des Knochens schieben. Auch hier natürlich darauf achten, daß die Einschnitte tatsächlich nur in die Haut gemacht werden und nicht in das Fleisch.
Die Keule pfeffern, salzen, mit Olivenöl bestreichen und kräftig mit den *herbes de Provence* einreiben. Ca. 30 Minuten stehen lassen. Den Backofen auf 200 - 220°C vorheizen, ein wenig Olivenöl in die Kasserolle zu der Keule geben und zugedeckt ca. 1 Stunde braten. Die Gesamtbratzeit richtet sich natürlich nach der Größe der Lamm- bzw. Hammelkeule. Währenddessen das Gemüse putzen, die Karotten zu einer gleichmäßigen Größe zurechtschneiden, die äußeren harten Blätter der Fenchelknolle entfernen, ebenso die eventuell holzigen Knollenansätze. Die Zwiebeln auf gleichmäßige Länge stutzen bzw. schälen, die Tomaten oben kreuzweise einschneiden.
Nun das Gemüse zu der Lammkeule geben. Zuerst die Fenchelknollen und Zwiebeln, nach ca. 10 Minuten die Karotten und nach weiteren 10 Minuten die Tomaten in die Kasserolle geben. Das Gemüse mit dem ausgetretenen Bratenjus begießen oder mit wenig Olivenöl beträufeln, salzen und pfeffern und zugedeckt schmoren lassen.
Nach ca. 15 Minuten den Deckel entfernen und offen braten, damit die Keule Farbe nimmt und knusprig wird.
Während des ganzen Bratvorgangs die Keule immer wieder begießen oder – was das Fleisch hervorragend aromatisiert – mit dem Kräutersträußchen in den Jus getaucht bestreichen. Die Keule tranchiert, mit dem Gemüse umlegt servieren.

## Épaule d'agneau aux courgettes rôties

*1,5 kg Lammschulter, 4 Knoblauchzehen, 1 kg Zucchini, 2 - 3 Tomaten, 1 Thymiansträußchen, 1 Lorbeerblatt, Olivenöl, Salz, Pfeffer*

## Lammschulter mit Zucchini gebraten

Vom Metzger die Lammschulter entbeinen lassen, jedoch nur das Schulterblatt entfernen, den Beinknochen belassen, das Fleisch zusammenschnüren und mit fettem Speck umwickeln. 8 - 10 Einschnitte unter die Haut machen und mit halbierten Knoblauchzehen spicken. Mit einer Marinade aus Olivenöl, Salz, Pfeffer und Thymian einreiben und 1 Stunde ruhen lassen. Hin und wieder wenden.
Die Zucchini in 1 1/2 cm dicke Scheiben schneiden, kurz in Salzwasser blanchieren, abgießen und abtropfen lassen. In die Fettpfanne des Grills geben, mit den in Scheiben geschnittenen Tomaten belegen, salzen, pfeffern, mit Thymian, dem zerstoßenen Lorbeerblatt bestreuen und mit Olivenöl beträufeln. Den Grill auf 220°C vorheizen.
Die Fettpfanne auf die unterste Schiene im Grill schieben, den Rost mit dem Fleisch darüber. Nach 20 Minuten die Schulter umdrehen und weitere 20 Minuten grillen. Besser noch ist, die Schulter am Spieß des Grills zu braten.
Wenn das Fleisch gar ist, lassen Sie es noch 5 Minuten ruhen, bevor Sie es tranchieren. In Scheiben geschnitten auf dem Gemüse anrichten.

## Lammkeule in Scheiben nach Art der Vaucluse

Die Auberginen in Scheiben schneiden, salzen, ca. 20 Minuten stehen lassen, damit sie Wasser ziehen. Mit Küchenkrepp abtrocknen und in Olivenöl braten. Die Tomaten halbieren, die Kerne entfernen, salzen und pfeffern, mit gehackter Petersilie und zerdrücktem Knoblauch bestreichen und im Backofen garen. Die Zwiebeln in Ringe schneiden und in Olivenöl goldbraun braten, oder in einer Friteuse in Öl backen.
Das Fleisch im Grill oder in der Pfanne braten, salzen, pfeffern und auf einer Platte anrichten, mit den Auberginen und den Tomaten umlegen, mit den Zwiebelringen bedecken und mit reichlich gehackter Petersilie bestreut servieren.

## Gigot d'agneau en tranches vauclusiennes

*4 Scheiben aus der Lammkeule, 4 Tomaten, 4 Auberginen, 1-2 Zwiebeln, 1 Knoblauchzehe, 1 Bund Petersilie, Olivenöl, Salz, Pfeffer*

## Lammspieß mit Lorbeer

Das Lammfleisch in Würfel schneiden (ca. 3 x 3 cm). Die Nieren von allen Fettsträngen und Kanälen befreien, Lammnieren in 3 Teile schneiden, Kalbsnieren in Portionsstücke zerteilen und wässern. Wasser mehrmals wechseln.
Das angewärmte Olivenöl mit Basilikum, der Zwiebel und dem Knoblauch würzen und einige Zeit ruhen lassen. Das Lammfleisch und die gut abgetrockneten Nieren für kurze Zeit in diese Marinade legen (nacheinander) und die Spieße vorbereiten. Das heißt 1 Stück Lammfleisch, 1 Zwiebelscheibe, 1 Stück Niere, 1 Lorbeerblatt, 1 Paprikastück usw. Vor dem Grillen mit der Marinade, der 1 Eßlöffel *Moutarde de Dijon* beigefügt wurde, bepinseln. Man grillt die Spieße entweder auf dem Holzkohlengrill oder am Drehspieß des Küchengrills. Ca. 20 Minuten Grillzeit dürften genügen. Während dieser Zeit immer wieder mit der Marinade bestreichen.

Anstelle von Basilikum kann auch ein anderes Kraut gewählt werden. Rosmarin oder Pfefferminz schmecken ebenfalls vorzüglich.

## Brochettes d'agneau au laurier

*4 Lammnieren oder 1 Kalbsniere, ca. 600 g Lammfleisch aus der Schulter, 1 Zwiebel feingehackt, 1 Knoblauchzehe, 2 Zweiglein Basilikum, mehrere Lorbeerblätter, 1 grüne Paprikaschote in Stücke geschnitten, 1-2 Zwiebeln in Scheiben geschnitten, Salz, Pfeffer, 4-5 EL Olivenöl, 1 EL Moutarde de Dijon*

## Lammragout mit frischen Kräutern

Fleisch in Streifen oder Würfel schneiden, leicht mit Mehl bestäuben und in Butter und Olivenöl (zu gleichen Teilen) in der Pfanne anbraten. Aus der Pfanne nehmen und in einen Topf geben. Die feingehackten Zwiebeln, Knoblauch und die in Streifen geschnittene grüne Paprika in das Bratenfett geben und, nachdem es genug geschmort hat, zu dem Fleisch geben. In der Pfanne die Brühe aufkochen lassen, dabei den Bratensatz lösen und ebenso zu dem Fleisch geben. Die Tomaten häuten, entkernen und in Streifen geschnitten mit dem *bouquet garni* und den feingehackten Kräutern hinzufügen. Mit dem Rotwein bedecken und auf kleiner Flamme kochen. Besonders gut schmecken Kichererbsen zu diesem Ragout.

## Ragoût d'agneau aux herbes fraîches

*1-1,5 kg Lammfleisch (aus der Schulter), 6 kleine Zwiebeln, 2 Knoblauchzehen, 3-4 Tomaten, 1 grüne Paprika, 1 großes Bouquet garni und ein Zweig Sellerie, 1 EL Schnittlauch, 1 EL Estragon, 1 EL Kerbel, 1 EL Basilikum, 1/2 Flasche Rotwein, 1 Tasse Brühe, 1-2 EL Butter, 1-2 EL Olivenöl, Mehl*

Fleisch, „richtiges Fleisch“ würde der Provenzale jetzt sagen, war immer ein großes Ereignis. „Richtiges Fleisch“ ist gekauftes Fleisch vom Rind, Kalb, Schwein oder Lamm, und wie Monsieur Lopez einmal erzählte, Anlaß sich samt des sonntäglichen Mittagstisches vor sein Haus zu setzen, um seinen Wohlstand der Nachbarschaft zu zeigen. Es gibt kein Fleischgericht, in dem aromatische Kräuter nicht eine wesentliche Rolle spielen, keine “daube” ohne Thymian und Rosmarin, kein Schweinebraten ohne Salbei oder Thymian und kein Lamm ohne Kräuterbouquet.

Das *Bœuf en daube* ist die gebräuchlichste Zubereitungsart von „richtigem Fleisch“. Meist wird ein Stück Rinderschmorfleisch einige Tage in Wein, der mit Thymian, Rosmarin, Knoblauch, einem Lorbeerblatt und einigen Pfefferkörnern gewürzt ist, eingelegt, um es mürbe zu machen. Aus der Marinade herausgenommen, werden die Stücke in Olivenöl braun angebraten und mit der Marinade abgelöscht. Dann wird die “marmite”, der Fleischtopf, an den äußersten Rand des Herdes gestellt und man läßt das Fleisch 4 - 5 Stunden leise vor sich hinköcheln. Die oft langen Kochzeiten mögen irritieren, in der traditionellen provenzalischen Küche werden alle Fleischspeisen möglichst lange gekocht (d.h. das Fleisch zieht mehr als es kocht, um eine größere Würze zu erzielen).
Madame Antoine erzählte mir einmal, wie eine “daube autrefois” früher zubereitet wurde. Ohne den Kessel je vom Feuer zu nehmen, wurden je nach Bedarf, Rindfleisch, ein Kaninchen, ein Wildkaninchen oder ein anderes Stück Wild, ein großes Stück Speck, Wein, Thymianbüschel, Lorbeerblätter, Olivenöl hinzugefügt. Die “marmite” stand immer auf dem Feuer oder hing über der Glut im großen offenen Kamin der geräumigen Küche, in der sich die Familie mit den Arbeitern an den Mittagstisch setzte.
Dieses “autrefois” hört man immer wieder in Gesprächen, ja früher, da war alles anders und wie man aus den Gesten verstehen kann, besser. Der Mistral hat nicht so viel geweht, es gab noch Sommer und es gab noch Winter. Der Wein war besser, der Pastis schärfer usw. Manchmal denke ich sie haben recht, die Leute.

## Bœuf à la comtadine

*1 kg Rindfleisch aus der Schulter,*
*1 Tasse Bouillon, ca. 250 g Champignons,*
*2 Knoblauchzehen, 2 - 3 Petersilienstengel,*
*1/2 Flasche guter, trockener Rotwein,*
*wenn möglich ein alter Jahrgang*
*Marinade: 1 Zwiebel in Scheiben*
*geschnitten, 2 Knoblauchzehen halbiert,*
*1 Selleriezweig, 1 Zweig Thymian,*
*1 Lorbeerblatt, 1 EL Kapern, Salz, Pfeffer,*
*2 Nelken, ca. 1/4 l Olivenöl*

## Rindfleisch wie man es im Comtat zubereitet

Das Fleisch in 5 x 5 cm große Würfel schneiden, mit der Marinade vermengen und darin 2 Tage liegen lassen, immer wieder wenden.
In einer Kasserolle etwas von der Marinade erhitzen und das Fleisch darin anbraten. Den Wein erwärmen und zu dem Fleisch geben, ebenso die Fleischbrühe.
Leise 2 - 3 Stunden kochen lassen. Wenn das Fleisch gar wird, die geputzen Champignons in Olivenöl mit gehackten Knoblauchzehen und gehackter Petersilie andünsten und zu dem Fleisch geben. Sollte noch zuviel Flüssigkeit in der Kasserolle sein, so kochen Sie die letzte 1/4 Stunde, bevor die Champignons hinzugefügt werden, offen ohne Deckel.

MENUE

## Bœuf en daube à la camarguaise

*1 kg Rindfleisch, 1 Kalbsmarkknochen, 2 Tomaten, 1 Zwiebel, 2 Knoblauchzehen, 100 g große schwarze Oliven, 1 Bouquet garni, 2 Nelken, Lorbeer, Thymian, Olivenöl, Salz, Pfeffer*
*Marinade: 1 l trockener Rotwein, 1 Zwiebel, 2 Knoblauchzehen, 1 Nelke, 5 Wacholderbeeren, 1 Thymianzweig, 1 Lorbeerblatt*

## Rindfleischgulasch nach Art der Camargue

Das Fleisch in große Würfel (5 x 5 cm) schneiden, über Nacht in die Marinade legen, danach mit Küchenkrepp trocknen und in Olivenöl scharf anbraten, nicht zu viele Fleischstückchen auf einmal, da dann das Olivenöl zuviel Hitze verliert und die Poren des Fleisches sich nicht mehr schnell genug schließen können.
Wenn das Fleisch angebraten ist, Tomaten, Knoblauch, Zwiebel, das *bouquet garni,* Nelken, Thymian, Lorbeerblatt hinzufügen, mit 1-2 Eßlöffel Mehl überstäuben, mit dem Wein der Marinade auffüllen und gut verrühren. 1 Stunde kochen lassen. Bevorzugt man eine glatte Sauce, so nimmt man das Fleisch aus dem Topf, seiht die Sauce durch, drückt das Gemüse gut aus und gibt nun Fleisch und Sauce wieder zusammen in einen Topf. Die entkernten Oliven und den Markknochen hinzufügen und während 2 Stunden auf kleiner Flamme kochen lassen. Dazu kann man Makkaroni oder Weißbrot servieren.

## Paupiettes de bœuf aux épinards

*4 große, aber dünne Rouladenscheiben, 1 kg Spinat, 3 Schalotten, 50 g Butter, 4 Eier hartgekocht, 100 g Emmentaler, Salz, Pfeffer, Muskatnuß*

## Rindsrouladen mit Spinat

Den Spinat putzen. In 25 g Butter die feingehackten Schalotten glasig dünsten, den geputzten Spinat hinzugeben, salzen, pfeffern und mit ein wenig Muskatnuß abschmekken und zugedeckt ca. 10 Minuten kochen lassen. Hin und wieder den Topf schwenken. In einem Sieb abtropfen lassen und in zwei gleiche Portionen aufteilen. Die Fleischscheiben auf ein Brett legen, salzen, pfeffern, mit der einen Hälfte Spinat belegen. Den Käse in kleine Stücke schneiden und ebenfalls auf die 4 Scheiben Fleisch verteilen. Dann jeweils ein hartgekochtes Ei hinzufügen. Die Fleischscheiben zusammenrollen und mit einem Spießchen feststecken oder mit einem Faden zusammenbinden.
Die restliche Butter erhitzen, die Rouladen darin rundherum auf großer Flamme braten, insgesamt nicht mehr als 10 - 15 Minuten, da das Innere der Roulade gar ist und das Fleisch rosa bleiben soll.
Die zweite Portion Spinat in dem Bratenjus erwärmen, auf eine Platte geben und mit den Rouladen belegt servieren.

## Filet de bœuf sauté aux olives

*800 g Rinderfilet, Speckstreifen, um das Filet zu umwickeln, Salz, Pfeffer, Herbes de Provence, 1 Bouquet frische Kräuter, 2 EL Olivenöl, 1 EL Butter, 1-2 Glas trockener Weißwein, 100 g grüne entsteinte Oliven, 1/4 l Tomatenpüree*

## Rindsfilet mit Oliven

Das Rinderfilet würzen, mit *herbes de Provence* einreiben und mit den Speckscheiben umwickeln.
Olivenöl in einer Kasserolle erhitzen, das Filet rundherum darin scharf anbraten und in den auf 230°C vorgeheizten Backofen schieben. Zugedeckt schmoren lassen. 30 - 35 Minuten Garzeit dürften genügen, sofern Sie das Filet rosa erhalten möchten. Ratsam wäre es, mit einem spitzen feinen Messer das Fleisch anzustechen und nach der austretenden Flüssigkeit zu urteilen.

Hat das Fleisch den gewünschten Punkt erreicht, das Filet in Alufolie warm halten. Den Bratenjus aufkochen lassen, mit Wein ablöschen, das *Tomatenpüree* unterrühren, ebenso die Oliven. Wer die Oliven milder im Geschmack bevorzugt, sollte sie vorher blanchieren.
Den Speckmantel lösen, das Filet in Scheiben geschnitten auf einer Platte anrichten und mit der Sauce übergießen.

Neben den "pieds-paquets", den gefüllten Lammkutteln und Lammfüßen, die als große Spezialität gelten, ist "gras-double" ein ebenso beliebtes Gericht. Vorzugsweise im Norden der Provence, um den Mont Ventoux und in der Haute Provence.
"Gras-double" sind Rinderkutteln, das heißt Fettdarm des Rindes, zu einem Ragout gekocht.
Hier eine Möglichkeit, wie sie in Carpentras zubereitet werden.

## Rindskutteln provenzalische Art

Man muß schon ein Liebhaber dieser Spezialität sein, um die langwierige und mühevolle Vorbereitung, die dieses Gericht erfordert, auf sich zu nehmen.

Zuerst werden die Kutteln in reichlich Wasser mehrmals gewaschen, dann werden sie wiederum in reichlich Wasser blanchiert und immer wieder in wechselndem Wasser gewaschen. Das Innere der Kutteln mit einem Messer abkratzen und wieder wässern. In einem Sud mit den beschriebenen Zutaten zum Kochen bringen und 6-7 Stunden kochen lassen. Abtropfen und abkühlen lassen, in Streifen oder Karres von 1 x 5 cm oder 6 x 8 cm schneiden.
In einer Kasserolle das Schmalz erhitzen, den Speck darin anbraten, die Kutteln mit den übrigen Zutaten hinzufügen und ca. 1 Stunde kochen lassen. Vor dem Servieren den Rindsfuß und das *bouquet garni* entfernen. Verbleibt zuviel Flüssigkeit, ohne Deckel weiterkochen lassen. Mit der gehackten Petersilie und dem zerdrückten Knoblauch bestreut servieren.

## Gras-double à la provençale

*Kochsud: Salz, Pfeffer, 1 Bouquet garni mit Thymian, Lorbeer, Selleriezweig, 1 Zwiebel mit 3 Nelken gespickt, 2 Karotten*
*1 kg Kutteln, 1 EL Schmalz, 100 g magerer geräucherter Speck in feine Streifen geschnitten, 2 Zwiebeln, die mit 2 Nelken gespickt sind, 3 Karotten, 2 Knoblauchzehen, 1 Bouquet garni, 2 Tomaten, 1 Glas Cognac, 1 Tasse Brühe, 1 Rindsfuß in Stücke zerteilt, 1 Knoblauchzehe feingehackt, vermengt mit 1 EL gehackter Petersilie*

Eine Innerei, die zu Unrecht in Deutschland kaum Beachtung findet, ist das Rinderherz, eine in der Provence beliebte Abwechslung. In unserem Dorf gibt es am Freitag unter vielen anderen Innereien, wie z.B. Kalbsleber, Lammnieren, Kalbsbrieschen oder Lammhirn eben auch frisches Rinderherz, denn Donnerstag bzw. Freitag im ersten Morgengrauen wird geschlachtet. Selten ist der kleine Laden schon so zeitig am Morgen überfüllt, wie an diesem Tag. Will man ein bestimmtes Stück Fleisch, muß man es vorbestellen.
Rinderherz habe ich hier zum ersten Male gegessen, ein festes herzhaftes Fleisch, was Wunder, es ist ja auch der fleißigste Muskel im ganzen Körper.
Man bereitet es entweder in Scheiben geschnitten in einer Pfanne mit Olivenöl, gehacktem Knoblauch und gehackter Petersilie gebraten zu oder in einer "daube".

## Cœur de bœuf en daube

*ca. 600 g Rinderherz, Streifen von fettem Speck, Salz, Pfeffer, Quatre épices, Olivenöl, 2 Knoblauchzehen fein zerdrückt mit 2 EL gehackter Petersilie vermischt, Marinade: 1/2 l trockener Rotwein, 1 Zwiebel, 1 Knoblauchzehe, 1 Nelke, 3 Wacholderbeeren, 1 Thymianzweig, 1 Lorbeerblatt*

## Rinderherzgulasch

Das Rinderherz in große Würfel (ca. 80 g) schneiden. Über Nacht in die vorbereitete Marinade einlegen. Am nächsten Tag herausnehmen, abtropfen lassen und jeden zweiten Fleischwürfel mit einem Speckstreifen, der mit Pfeffer, Salz, *quatre épices* und der Knoblauchpetersilienmischung gewürzt ist, spicken, möglichst ganz durchstechen. In Olivenöl von allen Seiten anbraten, mit der Marinade ablöschen und zugedeckt 2-3 Stunden leise köcheln lassen. Zuviel Flüssigkeit offen durch stärkere Hitze reduzieren. Zwiebel, Thymianzweig und Lorbeerblatt entfernen. Die Sauce evtl. etwas binden und mit Salz und Pfeffer abgeschmeckt mit dem Fleisch servieren.

## Langue de bœuf aux épinards

*1 gepökelte Rinderzunge, Sud: 1 Zwiebel mit 2 Nelken gespickt, 1 Karotte, 1 Bouquet garni*

## Rinderzunge mit Spinat

Die gepökelte Zunge waschen, im Sud kalt aufsetzen und zum Kochen bringen. Sobald die Zunge gar ist, häuten, in Scheiben schneiden und auf *épinards à la crème* anrichten.

## Langue de bœuf à la provençale

*1 frische Rinderzunge, 2 Bund Petersilie feingehackt, 5 Knoblauchzehen, 1 EL Butter, Paniermehl, Salz und Pfeffer, Sud: 1 Karotte, 1 Zwiebel, Salz, Pfefferkörner, 1 Bouquet garni mit einem Selleriezweig*

## Rinderzunge provenzalische Art

Den Sud zum Kochen bringen und die Rinderzunge hineingeben und gar kochen lassen. Sobald die Zunge gar ist, häuten und in Scheiben schneiden. Eine feuerfeste Form fetten, eine Schicht der Rinderzunge hineinlegen, mit einer Mischung aus gehackter Petersilie und fein zerdrücktem Knoblauch bedecken und wiederum eine Lage Rinderzunge darübergeben. Zum Abschluß nochmals mit der Petersilie- und Knoblauchmischung bedecken. Ca. 1/4 Liter der Kochbouillon hinzufügen. Mit Paniermehl überstreuen. Butterflöckchen darüber verteilen und im Ofen gratinieren.

## Foie de veau à l'estragon

*4 Scheiben Kalbsleber, 2 EL feingehackter frischer Estragon, 1-2 EL Butter, 100 g Crème fraîche, Estragonessig, Salz und Pfeffer, Mehl*

## Kalbsleber mit Estragon

Die Leber in Mehl wenden, das überflüssige Mehl abklopfen. In heißer Butter von beiden Seiten braten, salzen und pfeffern, darauf achten, daß die Leber innen rosa bleibt. Warmstellen, *crème fraîche* zu dem Bratensatz geben und aufkochen lassen. Den gehackten Estragon hinzufügen und mit Estragonessig, Salz und Pfeffer abschmekken. Über die angerichtete Leber geben und servieren. Man kann auf die Zugabe von *crème fraîche* verzichten, gibt einen weiteren Eßlöffel Butter in die Pfanne und kocht dann den Bratensatz mit 2 Eßlöffel Wasser und 1-2 Eßlöffel Estragonessig auf.

## Kalbsleber provenzalische Art

Die Leber in Mehl wenden, das überflüssige Mehl abklopfen. In heißer Butter ca. 5 Minuten von beiden Seiten braten. Mit Salz und Pfeffer würzen, aus der Pfanne nehmen, auf einer Platte anrichten und warmstellen. In die Pfanne die Kapern und die in feine Scheiben geschnittenen Cornichons geben, mit einem Schuß Essig abschmecken und über die Lebern geben.

## Le foie de veau à la provençale

*4 Scheiben Kalbsleber, 2-3 EL Butter, Mehl, 2 EL Kapern, 4-6 Cornichons, Rotweinessig, 1 Bund Petersilie, Salz und Pfeffer*

## Kalbsschnitzel mit Petersiliensoße

Die Schnitzel salzen, pfeffern und in Mehl wenden. Die Butter in einer Pfanne erhitzen und die Schnitzel darin von beiden Seiten braten. Währenddessen die Petersilie waschen, die groben Stiele entfernen und mit der Zwiebel in *crème fraîche* für ca. 5-10 Minuten kochen. Im Mixer pürieren und zu dem Schnitzel servieren.

## Escalopes de veau à la crème de persil

*4 Kalbsschnitzel, 300 g Petersilie, 20 g Butter, 100 g Crème fraîche, 1 kleine Zwiebel, Salz, Pfeffer, Mehl*

## Kalbsschulter mit Schinken aus Bayonne

Die entbeinte Kalbsschulter mit den Schinkenscheiben umlegen, zusammenrollen und mit einem Bindfaden festbinden. Die Butter und das Olivenöl in einem Topf erhitzen, die Kalbsschulter darin unter mehrmaligem Wenden anbraten. Wenn der Braten Farbe genommen hat, die Bouillon hinzufügen, mit Salz und Pfeffer abschmecken und ca. 1 Stunde zugedeckt schmoren lassen. Dann die geputzten kleinen Zwiebeln hineingeben und weitere 20-30 Minuten garen.
Auf einer vorgewärmten Platte den in Scheiben geschnittenen Braten anrichten.
Ein *Riz créole* paßt sehr gut dazu.

## Épaule de veau au jambon de Bayonne

*1 kg Kalbsschulter, 2 Scheiben Schinken aus Bayonne (roher Schinken), 12 kleine Zwiebeln, 30 g Butter und 1 EL Olivenöl, 1 dl Bouillon, Salz und Pfeffer*

## Kalbskotelett mit Sauerampfer

Sauerampfer waschen, abtropfen lassen und in Streifen schneiden. Die Champignons putzen und unter fließendem Wasser waschen, abtropfen und in feine Scheiben geschnitten, in 1 Eßlöffel Butter ca. 10 Minuten dünsten lassen. Zur Seite stellen, erneut 1 Eßlöffel Butter in die Pfanne geben, die feingehackte Schalotte darin glasig dünsten und den Sauerampfer hinzufügen, ca. 5-8 Minuten dünsten. Ebenfalls zur Seite stellen. In einer Pfanne den Rest Butter mit dem Olivenöl erhitzen, die Koteletts von beiden Seiten anbraten, herausnehmen und zur Seite stellen. Den Bratfond mit den Champignons und Sauerampfer aufkochen und in eine Gratinschüssel geben. Die Koteletts darauf anrichten, salzen, pfeffern, mit Kerbel und feingehackter Petersilie bestreuen, *crème fraîche* darübergießen und mit geriebenem Käse bestreuen.
Im vorgeheizten Backofen bei 200°C ca. 10 Minuten gratinieren.

## Côtes de veau à l'oseille

*4 Kalbskoteletts mit Filet, 150 g Champignons, 3 EL Butter, 1 Schalotte, 150 g Sauerampfer, 1 EL Petersilie feingehackt, 1 EL frischer Kerbel, 50 g geriebener Gruyère, 1 EL Olivenöl, 80-100 g Crème fraîche, 1 Zitrone, Salz und Pfeffer*

## Côtes de veau à l'estragon

*4 Kalbskoteletts, 30 g Butter, 3 EL Olivenöl, 4-5 EL feingehackter Estragon, 4 Schalotten feingehackt, 10 cl trockener Weißwein, 30 cl Crème fraîche, 20 g Gruyère gerieben, 100 g geräucherter Speck*

## Kalbskotelett mit Estragon

In einer Pfanne Butter und Olivenöl erhitzen, die Koteletts darin von beiden Seiten anbraten, salzen und pfeffern, in eine Gratinform geben und warmstellen. In derselben Pfanne den in Scheiben geschnittenen Speck auslassen, auf die Koteletts legen, mit gehackter Petersilie, Estragon, Schalotten und dem geriebenen Käse überstreuen. Mit dem Weißwein den Bratensatz ablöschen, aufkochen lassen, *crème fraîche* hinzufügen und über das Fleisch geben. Im Backofen bei 200°C ca. 20 Minuten überbacken.

## Ris de veau à l'oseille

*4-6 Kalbsbries, 2-3 EL Butter, Saft einer halben Zitrone, 250 g Sauerampfer, 1 EL Butter, 1 feingehackte Schalotte, Salz und Pfeffer*

## Kalbsbrieschen auf Sauerampfer

Die Kalbsbrieschen säubern, von allen Blutgerinnseln befreien, 6 Stunden in kaltem Wasser wässern. In reichlich kaltem Wasser aufsetzen, zum Kochen bringen, sofort kalt abschrecken und abtropfen lassen. Bis zum Erkalten die Brieschen unter ein Brett legen, damit sie ein wenig zusammengepreßt werden. Währenddessen den Sauerampfer säubern, waschen und in Salzwasser blanchieren. Die Brieschen in 1 cm dicke Scheiben schneiden, leicht in Mehl wenden und in Butter von beiden Seiten braten, salzen und pfeffern. Den Sauerampfer auf eine vorgewärmte Platte geben, mit den Brieschen belegen. Den Bratenjus mit Zitronensaft aufkochen lassen und über die Brieschen geben.
Nach denselben Anweisungen läßt sich ein Kalbs- oder Lammhirn zubereiten.

Auf fast jeder "ferme" hält man ein Schwein, das mit Gemüseabfällen des Feldes und der Küche für den Eigenbedarf gemästet wird. Große Schweineställe, wie man sie in Deutschland kennt, gibt es nicht. In der Provence ist es ein Familienfest, wenn zum Winter hin das Schwein geschlachtet wird.
Es gibt eine Redewendung, die sagt, daß man die Hälfte von einem Schwein schlachtet, was soviel heißt, daß ein ganzes Schwein zuviel ist, und man es mit einer zweiten Familie teilt. Früher war es Brauch, seinen Nachbarn ein Stück frische Leber oder eine frische Wurst zu überbringen.
Eine Redewendung, mit der man ein nicht sehr gutes nachbarschaftliches Verhältnis zum Ausdruck bringen will und die hier ihren Ursprung hat, lautet: "Nous ne nous portons pas de boudin", wir überbringen uns keine Blutwurst.

## Roulades de porc à la sauge

*4 möglichst große, aber dünne Schweineschnitzel, ca. 300 g gemischtes Hackfleisch, 1 Ei, 1/2 Brötchen, 1/8 l Milch,*

## Schweinsrouladen mit Salbei

Wenn die Schnitzel nicht dünn genug sind, mit einem Holzklopfer breitklopfen. Eine Farce herstellen aus dem Hackfleisch, dem in Milch eingeweichten Brötchen (natürlich gut ausgedrückt) und dem Ei. Mit Pfeffer, Salz, einer Messerspitze *quatre épices* und einigen feingehackten Salbeiblättern würzen.

Die Schnitzel leicht von beiden Seiten salzen und pfeffern, mit der Farce bestreichen, zusammenrollen und feststecken. In Olivenöl von allen Seiten anbraten, dann die feingehackte Zwiebel, den zerdrückten Knoblauch, 1 Zweig Salbei hinzugeben und mit dem Weißwein ablöschen.
Auf kleiner Flamme ca. 30-40 Minuten kochen lassen. Immer wieder begießen und wenden.
Wenn Sie mögen, können Sie die Sauce mit wenig Mehl in kaltem Wasser aufgelöst andicken.

*Salz, Pfeffer, Quatre épices, Olivenöl, Salbei (nach Möglichkeit frisch), 1 kleine Zwiebel, 1 Knoblauchzehe, 1/2 Flasche trockener Weißwein*

## Schweinebraten mit Kräutern

## Rôti de porc aux herbes

Den Schweinebraten salzen, pfeffern und kräftig mit der Kräutermischung und Olivenöl einreiben. Einige Stunden ruhen lassen, bevor er in den auf 220°C vorgeheizten Backofen gegeben wird. Dem austretenden Bratenfett den Weißwein, die geschälten Knoblauchzehen und das *bouquet garni* hinzufügen. Hin und wieder mit dem Salbeisträußchen den Bratensaft über das Fleisch streichen. Nach ca. 1 1/2 Stunden dürfte das Fleisch gar und knusprig braun sein.
In Scheiben schneiden und mit der Sauce servieren (vorher natürlich das *bouquet garni* entfernen).

*1,5 kg Schweinebraten, Olivenöl, Kräutermischung Mélange à la sauge, Pfeffer, Salz, 1/4 l Weißwein, einige Salbeizweige, 4 Knoblauchzehen, 1 Bouquet garni*

Zum Schluß des Fleischkapitels einige Rezepte der Wildzubereitung, wie sie in der Provence praktiziert werden.

## Hasenpfeffer

## Civet de lièvre

Aus den angegebenen Zutaten die Marinade bereiten. Den Hasen waschen, mit Küchenkrepp abtrocknen und in Stücke zerteilt für 24 Stunden in die Marinade legen. Das Fleisch am nächsten Tag herausnehmen und abtropfen lassen. Den Speck in Stückchen schneiden und in wenig Wasser blanchieren, abtropfen lassen und in dem Schmalz auf kleiner Flamme anbraten. Die Hasenteile nach und nach in den Topf geben und von allen Seiten anbraten. Die kleinen geschälten Zwiebeln hinzufügen, anschmoren lassen. Mit der Marinade auffüllen. Herz und Niere in Scheiben geschnitten hinzufügen. Zugedeckt ca. 2 Stunden schmoren lassen. Die Fleischstücke auf einer vorgewärmten Platte anrichten und warmstellen. Die Leber fein hacken und in die Sauce einrühren, wer mag kann die Sauce mit ein wenig Mehl andicken. Abschmecken und über das Fleisch geben.

*1 Wildhase, 250 g magerer Räucherspeck, 20 g Schmalz, 12 kleine Zwiebeln*
*Marinade: 2 kleine Karotten in feine Scheiben geschnitten, 2 kleine Zwiebeln feingehackt, 3 Schalotten feingehackt, 2 Petersilienstengel feingehackt, 1 Zweig Thymian, 1 Lorbeerblatt zerrieben, 12 schwarze Pfefferkörner, 1 dl Olivenöl, 2 EL Cognac, 1 Flasche trockener Rotwein*

## Cailles à l'ail

*8 Wachteln, 100 g fetter Speck, 2 ganze Knoblauchzwiebeln, 1 EL Cognac, Salz und Pfeffer*

## Wachteln mit Knoblauch

In einer Kasserolle den gewürfelten Speck auslassen, die ungeschälten Knoblauchzehen einer Knoblauchzwiebel anbraten. Die geschälten Zehen der zweiten Knolle in die gesäuberten, gesalzenen, leicht mit Pfeffer eingeriebenen Wachteln geben.
Die Vögel in die Kasserolle geben und anbraten und leise ca. 20 Minuten schmoren lassen. Den Speck und den Knoblauch aus dem Topf entfernen, die Wachteln auf einer Servierplatte anrichten und warmstellen. Den Bratenjus mit Cognac ablöschen, aufkochen lassen und über die Wachteln geben. Dazu kleine, geröstete Weißbrotscheiben, die mit Knoblauch eingerieben sind, reichen.

Eine andere Art der Zubereitung: Wenn die Wachteln gar sind, den Speck entfernen und mit Cognac flambieren. Auf eine Platte mit Knoblauch eingeriebene *croûtons* legen, die Wachteln darauf anrichten, den Jus aufkochen lassen und darübergeben.

## Salmis de faisan aux truffes

*1 Fasan, einige Scheiben frischer Speck (Rückenfett), 2-3 Trüffel, 3 kleine Schalotten feingehackt, 1 Karotte in feine Scheiben geschnitten, 1 Lorbeerblatt, 1 Thymianzweig, 3 dl trockener Rotwein, 3 dl Bouillon, 1 EL Mehl*

## Fasanenragout mit Trüffel

Den Fasan ausnehmen, unter fließendem Wasser waschen und mit Küchenkrepp abtrocknen. Mit den Speckscheiben umwickeln, auf den Grillspieß stecken und grillen. Anschließend zerteilen, das Fleisch der Keulen, der Flügel und die Brustfilets in eine Kasserolle geben, ebenso die in feine Scheiben geschnittenen Trüffel. Die Kasserolle zur Seite stellen.
In einer zweiten Kasserolle die feingeschnittene Karotte, die feingehackte Zwiebel, das Lorbeerblatt, den Thymian, das zerkleinerte Gerippe des Fasans geben, mit dem Rotwein übergießen und zugedeckt auf 3/4 der Flüssigkeit einkochen lassen. Die Brühe hinzufügen. Das Mehl in wenig Wasser auflösen und in die Sauce rühren. Ca. 40 Minuten auf kleiner Flamme kochen lassen. Anschließend durch ein Sieb streichen, nochmals zum Kochen bringen. Wenn die Sauce zu dünnflüssig ist, ein wenig einkochen lassen. Mit Pfeffer und Salz abschmecken und in die Kasserolle über den Fasan und die Trüffel geben. Erwärmen, jedoch ohne die Sauce aufkochen zu lassen.

Zu einem "salmis", einem Ragout, werden gerne "croûtons farcis", gefüllte, geröstete kleine Brote serviert.
Sie nehmen 1 oder 2 Scheiben Toastbrot, schneiden es zweimal diagonal durch, sodaß Sie 4 bzw. 8 Dreiecke haben, rösten diese in heißer Butter und bestreichen sie dick, ein wenig angehäuft mit einer Farce. 2 Minuten im Backofen überbacken und auf der Platte, auf der das Ragout serviert wird, anrichten.
Die Farce bereiten Sie folgendermaßen zu: Die Fasanleber mit ca. 100 g Kalbs- oder Geflügelleber in Stücke geschnitten in wenig Butter braten. Die Leber muß innen noch roh sein. Eine feingehackte Schalotte hinzufügen, salzen, pfeffern und mit einem Spritzer Madeira ablöschen, durch ein Sieb streichen und mit einem Eßlöffel Ragoutsauce zu einem Püree verrühren.

# Les légumes
# Gemüse

Bedingt durch ihre Lage ist die Provence, die ehemalige römische Kolonie "Provincia Narbonensis", stets fremdländischen Einflüssen ausgesetzt gewesen. Die Stadt Marseille, einst der griechische Hafen "Massilia", war das Tor zur Welt, die Rhône der von der Natur vorgegebene Transportweg in das Land. Auf ihm oder über Marseille kamen auch die ersten exotischen Früchte, die dann in den Ebenen der Rhône, des Luberon und der Durance angebaut wurden und Einzug in die Küchen hielten, denn Tomaten, Auberginen, Zucchinis, alles stammt ursprünglich nicht aus Europa, sondern aus Mittel- und Südamerika und aus Asien.

Durch die neuen Gemüsearten unter Verwendung der heimischen Kräuter entstand eine neue, eigenständige, die traditionelle provenzalische Küche.
Heute ist der Anbau von Feldfrüchten neben dem Weinanbau der wesentlichste wirtschaftliche Zweig der Provence. Die Felder sind gegen den alles austrocknenden Mistral durch große Zypressenhecken geschützt. Die Durance hat an Gefahren verloren, seit sie durch einen Kanal gebändigt wurde, denn jedes Jahr trat sie über die Ufer und überschwemmte das Land.
Es gibt ein Sprichwort, das sagt, die drei Geiseln der Provence sind: Das Parlament in Aix, die Durance und der Mistral.

Zu den ersten Frühlingsboten gehören die Artischocken, "les artichauts violets". Kleine zarte Artischocken, die roh mit einer *Sauce vinaigrette* gegessen werden oder " à la barigoule", mit Olivenöl, Thymian, Lorbeer und einigen zarten Frühlingszwiebeln gekocht. Es gibt eine Vielzahl verschiedener "à la berigoulo-Rezepte ", jeder Ort hat ein traditionelles Rezept, von dem behauptet wird, es wäre das älteste.
Das nun folgende Rezept habe ich von Frauen unseres Dorfes bekommen, nahezu übereinstimmend, daraus schließe ich, daß es zumindest in der Vaucluse das beliebteste ist.

## Artischocken barigoule

Die Artischocken kurz in Essigwasser legen, gründlich abspülen, abtropfen lassen. Die harten Blätter entfernen, den Stiel kürzen, ist er zart, so kann er abgeschält mitverzehrt werden.
In 2 Eßlöffel Olivenöl die gehackten Zwiebeln und die Karotten andünsten, die Artischocken hinzufügen und mit dem restlichen Olivenöl beträufeln, salzen und pfeffern, den Wein hinzugeben, ebenso die gehackten Knoblauchzehen. Zugedeckt 1 - 2 Stunden (!) langsam kochen lassen.

In manchen Familien wird ein wenig "petit lard salé", durchwachsener, gepökelter Speck, in Würfel geschnitten mitgekocht. Dazu wird Weißbrot gereicht. Dies Gericht kann als kleines Abendessen oder als Gemüsegang eines Menüs gereicht werden.

Ein weiteres Rezept "à la barigoule" schreibt vor, die Artischocken zu füllen und zwar mit einer Farce aus Champignons und Speck. Der Name "barigoule" bezeichnet im Provenzalischen einen Pilz.

## Artichauts à la barigoule

*8 kleine violette Artischocken,*
*3 EL Olivenöl, 1 Zwiebel feingehackt,*
*2 Karotten in Scheiben geschnitten,*
*1 Glas Weißwein, 2 Knoblauchzehen*

## Gefüllte Artischocken barigoule

Hierzu benötigen Sie größere Artischocken. Die harten Blätter entfernen, die Spitzen der restlichen Blätter abschneiden. Die Artischocken öffnen und mit einem Löffel oder einem Messer das „Heu" entfernen, in Zitronenwasser tauchen, da sie sich sonst unansehnlich verfärben. Die Farce herstellen: Den Speck in möglichst feine Würfel schneiden. Die Zwiebeln hacken und in einer Kasserolle in wenig Olivenöl anschmoren, die gehackten Champignons, den Speck, das in Wasser eingeweichte Brötchen (gut ausgedrückt) hinzufügen, ebenfalls andünsten. Mit Pfeffer, Salz und Muskatnuß würzen, feingehackte Petersilie und zerdrückten Knoblauch, sowie die Eigelbe hinzufügen.
1 Minute auf der Flamme belassen, ständig rühren. Die Artischocken füllen und weiterarbeiten wie unter *Artichauts à la barigoule* beschrieben.

## Artichauts farcis à la barigoule

*4 - 8 Artischocken (je nach Größe),*
*1 Zitrone*
*Farce: 150 g magerer, geräucherter Speck,*
*2 Zwiebeln, 100 g Champignons,*
*1/2 Brötchen, Pfeffer, Salz, Muskatnuß,*
*2 Knoblauchzehen, 4 Petersilienstengel,*
*2 Eigelb, 8 feine Scheiben Speck*

## Artischockeneintopf

In einem irdenen Topf Olivenöl erwärmen. Die feingehackte Zwiebel darin andünsten, Artischocken und Bohnen hinzufügen, mit Salz, Pfeffer und Zimt würzen, mit Wasser bedecken und garen lassen.

Zu den ersten Gemüsen gehört auch der Spargel. Er ist reich an Vitamin A und C und last not least eine Köstlichkeit.
In der Provence wird sogenannter grüner oder violetter Spargel meist nur kalt, mit einer *Sauce vinaigrette* serviert. Er wird ungeschält in reichlich Salzwasser blanchiert. Nur die

## Barbouiado de favour

*8 junge Artischocken in Stücke geschnitten*
*1 kleine Zwiebel, 2 EL Olivenöl,*
*500 g Bohnenkerne, 1 Prise Zimt, Salz und Pfeffer*

Köpfe und soweit es die Beschaffenheit des Spargels selbst erlaubt, werden gegessen. Ich empfinde es immer als bedauerliche Verschwendung, denn geschält könnte der ganze Spargel zum Verzehr gelangen. Ein sehr luxuriöses Spargelessen erlebten wir einmal in einem reizenden Restaurant in Eygalières, unweit von Les Baux.
Man servierte uns auf großen weißen Tellern Spargel, ein Dutzend etwa, von gleichmäßiger Stärke mit violetten großen Köpfen. Über den Spargel großzügig verteilt feine Trüffellamellen. Dazu wurde eine *Sauce vinaigrette aux herbes* gereicht. Wir tranken einen trockenen, würzigen weißen Chateau Simone dazu. Es war ein außergewöhnlicher Auftakt zu einem unvergesslichen Abendessen.

Eine sehr beliebte Art, vor allem auf dem Lande, ist, den Spargel in folgender Weise zuzubereiten.

## L'asperge à l'aïoli

## Spargel mit Knoblauchmayonnaise

Den Spargel schälen, in Salzwasser, dem eine Prise Zucker zugesetzt ist, "al dente" kochen und herausnehmen. Auf einer vorgewärmten Platte anrichten und mit einer *Sauce aïoli* servieren. Wenn man den Spargel kalt servieren möchte, sollte man ihn im Kochwasser erkalten lassen. Dazu kann ebenfalls eine *Sauce aïoli* gereicht werden oder eine *Sauce vinaigrette.*

Auberginen, die neben den Tomaten zu den beliebtesten Gemüsen zählen, bieten eine Fülle verschiedener Zubereitungsarten. Die Aubergine, ein Sommergemüse, braucht – um ihre aromatische Frucht entwickeln zu können – Sonne und Wärme.
Auf provenzalischen Märkten werden hin und wieder ganz weiße Auberginen oder auch weiße mit feinen violetten Linien angeboten. Meist jedoch findet man die violetten keulenförmigen Auberginen. Ich darf an dieser Stelle auf "La cuisine provençale" verweisen, wo die Aubergine mit ausführlichen Rezeptbeschreibungen vertreten ist. Einige neue Rezepte habe ich entdecken können.
Auch hier gibt es so viele Rezepte wie Orte in der Provence. Ich notiere eines aus Sablet für Sie.

## Bohémienne d'aubergines

*4-6 Auberginen (je nach Größe), 2 Knoblauchzehen, 3 Petersilienstengel, 2-3 Tomaten gehäutet, entkernt und in Stücke geschnitten, ca. 100 g roher Schinken, ca. 6 EL Olivenöl, Salz und Pfeffer, 2 Zwiebeln feingehackt, 1 Lorbeerblatt, 1 Glas Wein*

## Zigeunerin-Auberginen

Die Auberginen schälen und in kleine Stücke schneiden, salzen und ca. 20 Minuten stehen lassen. Währenddessen in einem Topf 2 Eßlöffel Olivenöl erwärmen, gehackte Petersilie, Knoblauchzehen, den in Würfel geschnittenen Schinken anbraten, die Tomaten hinzugeben und ca. 20 Minuten kochen lassen. Die Auberginen auspressen, mit Küchenkrepp abtrocknen und in 4 Eßlöffel Olivenöl braten, Zwiebel, Salz, Pfeffer, das Lorbeerblatt und das Glas Rotwein hinzufügen, 5 Minuten schmoren lassen und zu den Tomaten geben. Während ca. 2 Stunden leise köcheln lassen.

## Aubergines aux tomates

*4 - 5 Auberginen, 4 Tomaten gehäutet, entkernt und in Würfel geschnitten, 1 Zwiebel feingehackt, 2 Knoblauchzehen zerdrückt, 2 Petersilienstengel feingehackt, 1 EL Paniermehl, Olivenöl, Salz, Pfeffer*

## Auberginen mit Tomaten

Die Auberginen schälen, eine Hälfte in Scheiben schneiden, die zweite Hälfte der Auberginen der Länge nach in Scheiben schneiden. Salzen und ca. 20 Minuten stehen lassen, mit Küchenkrepp abtrocknen und in reichlich Olivenöl von beiden Seiten braten, das heißt immer in einzelnen Schichten braten, auf Küchenkrepp abtropfen lassen.
In einer Kasserolle in 1 Eßlöffel Olivenöl die Zwiebeln andünsten, ebenso die Tomaten, Petersilie und Knoblauch, mit Pfeffer und Salz würzen und leise ca. 15 Minuten köcheln lassen. Die runden Auberginenscheiben und das Paniermehl zu den Tomaten geben. Jeweils zwischen 2 Auberginen-Längsscheiben die Sauce geben und in einer Gratinschüssel anrichten. Im Backofen bei 180°C ca. 20 Minuten gratinieren.

## Aubergines aux pois chiches

*4 Auberginen, 1 große Dose Kichererbsen, 2 Tomaten gehäutet, entkernt und in Würfel geschnitten, 3 - 4 Knoblauchzehen, 1 kleine Zwiebel feingehackt, 3 Petersilienstengel, Olivenöl, Salz und Pfeffer*

## Auberginen mit Kichererbsen

Die Auberginen in Scheiben schneiden, mit Salz bestreuen und 20 Minuten stehen lassen. In einer Kasserolle 2 Eßlöffel Olivenöl erwärmen, die Zwiebel darin glasig dünsten, die Tomaten, gehackten Knoblauch und Petersilie hinzufügen, schmelzen lassen, die Kichererbsen hinzugeben, mit Salz und Pfeffer würzen. Sollten Sie einen Bratensaft oder Bratensauce haben, so kann man diese vorzüglich zu den Kichererbsen geben.
Die Auberginenscheiben auf Küchenkrepp trocknen und in dem restlichem Olivenöl braten, das heißt Scheibe neben Scheibe von beiden Seiten goldbraun braten, auf Küchenkrepp abtropfen lassen, warm stellen, bis alle fertig sind. Die Kichererbsen auf einer Platte anrichten, mit den Auberginenscheiben umlegen oder beides miteinander vermengt anrichten.

Der "tian" ist eine in der Provence gern praktizierte Zubereitungsart von Gemüse. Das Gemüse wird blanchiert, in eine Gratinform, der "Tian", gegeben, oft mit einer Sauce bedeckt und im Backofen gratiniert. Sie können nahezu alle Gemüse verwenden, wild wachsende Kräuter, Gartenspinat oder Kürbis, mit Fisch, Eiern oder Fleischstückchen angereichert und jeweils einer dazu entsprechenden Sauce. Der *tian aux herbes de Carpentras* erfreut sich in der Vaucluse größter Beliebtheit. Die genaue Zubereitungsart finden Sie im Kapitel "Les poissons", da er mit Morue zusammengestellt ist.
Ein weiterer beliebter "tian":

## Tian de courge

*1,5 kg Kürbis, 100 g Mehl, 3 - 4 EL Olivenöl, Petersilie, 2 Knoblauchzehen, Salz und Pfeffer*

## Überbackener Kürbis

Den Kürbis in Scheiben schneiden, schälen (Teile, in denen die Kernchen sind entfernen). Das „Fleisch" in kleine Stücke schneiden, in Mehl drehen und wenden. Eine Steingutform mit Olivenöl bestreichen, die bemehlten Kürbisstückchen hineingeben,

gut mit Salz und Pfeffer würzen und mit feingehackter Petersilie und Knoblauch bestreuen. Mit Olivenöl beträufeln und im auf 220°C vorgeheizten Backofen ca. 1 Stunde backen.
Die Kürbisstückchen werden zu einer Creme, das Wasser wird vom Mehl aufgesaugt und verdampft.
Dieser "tian" wird im Herbst, wenn die Kürbisse reif sind, häufig als kleines Abendessen gereicht oder als Zwischengang beim Mittagessen eingefügt.
"L'épinard" – Spinat, gilt in der Provence neben der "carde", der wilden Artischocke als Wintergemüse.
In alten Rezepten wird er immer zusammen mit einem Stückchen Zitronenschale zubereitet, und auf die Zugabe von Knoblauch wird nie verzichtet.

## Überbackener Spinat nach Art der Vaucluse

## Tian d'épinards vauclusienne

*1,5 kg Spinat, Olivenöl, Salz, Pfeffer, Muskat, Paniermehl, 1 Knoblauchzehe, 3 - 4 Stengel Petersilie*

Den Spinat verlesen und in reichlich Wasser waschen, abtropfen lassen, fein hacken, Petersilie und Knoblauch hinzufügen und „auf ein Bett" von Olivenöl in eine Form geben, salzen, pfeffern, mit ein wenig Paniermehl überstreuen und mit wenig Olivenöl beträufeln.
Im Backofen bei ca. 180 bis 200°C 20 Minuten garen. Man kann, wenn man mag, 1/2 Tasse Milch zu dem Spinat geben, bevor man ihn in den Backofen schiebt.

Eine zweite Art, den "tian" zuzubereiten, wäre folgende:
Den Spinat verlesen, waschen, in reichlich Salzwasser 5 bis 10 Minuten blanchieren, abgießen, gut abtropfen lassen und fein hacken. Zu dem gehackten Spinat 2 verschlagene Eier geben, salzen, pfeffern und mit ein wenig Muskatnuß würzen. In eine ausgefettete Gratinform geben, mit Paniermehl leicht überstreuen und einigen Tropfen Olivenöl benetzen. Ca. 20 Minuten im Backofen bei 200°C überbacken.

## Spinat in Cremesauce

## Épinards à la crème

*1,5 kg Spinat, 1 kleine Zwiebel, 1 EL Mehl, Milch oder Crème fraîche, 1 Knoblauchzehe, Pfeffer, Salz und Muskat, 4 EL Butter*

Den Spinat putzen und 5 bis 10 Minuten im Salzwasser blanchieren, abgießen, gut abtropfen lassen und fein hacken. In einer Kasserolle 2 Eßlöffel Butter schmelzen, darin die feingehackte Zwiebel und den Knoblauch andünsten, ebenso den Spinat. In einer zweiten Kasserolle die restliche Butter mit dem Eßlöffel Mehl anschwitzen, mit Milch oder *crème fraîche* unter ständigem Rühren ablöschen. Mit Salz, Pfeffer und Muskat abschmecken, den Spinat hinzufügen und ca. 20 Minuten kochen lassen.

Eine Köstlichkeit ist ein Gemüse, das ich als *Herbes de printemps,* Frühlingskräuter, bezeichnen möchte.

## Frühlingskräuter

Die Kräuter waschen, gut abtropfen lassen und fein hacken. Olivenöl erhitzen, die feingehackte Zwiebel und den Knoblauch darin glasig dünsten, die Kräuter hinzufügen, mit Salz und Pfeffer abschmecken und ca. 15 Minuten kochen lassen.
Man kann, wenn man mag, diese Kräuter mit einer kleinen *Sauce béchamel* verrühren. Sehr gut schmecken dazu pochierte Eier und natürlich jedes gebratene oder gegrillte Fleisch bzw. Fisch.

## Herbes de printemps

*Jeweils eine Handvoll Löwenzahn, Brunnenkresse oder Gartenkresse, Kerbel, Petersilie, verschiedene Salatblätter, gerade das, was der Markt oder die Natur bietet. 1 kleine Zwiebel feingehackt, 2 Knoblauchzehen, 2-3 EL Olivenöl, Salz und Pfeffer*

Viele glauben, Kohl sei etwas typisch Deutsches, die provenzalische Küche wartet jedoch auch hier mit einigen reizvollen Rezepten auf.
Ich habe eines ausgewählt, das man in nördlichen Breiten nicht kennt.

## Kohl mit Knoblauch

In einem Topf das Olivenöl erhitzen, den Knoblauch andünsten (keine Farbe nehmen lassen), den Kohl hinzufügen und gut mit dem Olivenöl vermischen. Mit 1/2 Tasse Wasser auffüllen, salzen, pfeffern und ca. 20 Minuten auf kleiner Flamme dünsten.

## Chou à l'ail

*4 EL Olivenöl, 4 Knoblauchzehen feingehackt, 1 Wirsingkopf fein in Streifen geschnitten, Salz und Pfeffer*

Wenn im Juni die ersten frischen Knoblauchzehen auf dem Markt erscheinen, sollten Sie unbedingt folgendes Rezept erproben.

## Knoblauch im Backofen gebacken

Den Stiel der Knolle so abschneiden, daß der Knoblauch stabil auf der Gratinform liegt. Mit einem spitzen Messer die äußere Haut der Knolle bis zur Mitte hin öffnen und auseinanderziehen. Wenn man will, kann man die Haut bis auf einen Rand abschneiden. Die einzelnen Zehen etwas auseinanderbiegen und die äußere Haut der Zehen entfernen, ohne jedoch die Zehe aus der gesamten Knolle zu trennen.
Eine feuerfeste Form mit Butter oder Olivenöl ausstreichen, die Knollen hineinlegen. Jede Knolle leicht salzen, pfeffern und mit einem Butterflöckchen belegen.
Ein wenig Wasser in die Form geben, sodaß der Boden bedeckt ist. Im Backofen bei 230°C ca. 50 Minuten backen. Mit der Spitze des Messers prüfen, ob die Zehen weich sind. Man öffnet die Zehen und streicht das weiße Knoblauchmus auf ein gegrilltes, mit Butter bestrichenes Landbrot.

## Ail au four

*Pro Person 1 Knolle Knoblauch, ca. 20 g Butter, Salz und Pfeffer*

## Oignons au four

*8 große Gemüsezwiebeln geschält,*
*4 Knoblauchzehen feingehackt,*
*3 EL Olivenöl, 1 EL Weißwein, Saft einer halben Zitrone, 1 EL Paprika,*
*1 EL Petersilie feingehackt, Salz und Pfeffer*

## Zwiebeln im Backofen gebacken

Die feuerfeste Form mit Olivenöl ausstreichen, den feingehackten Knoblauch darin verteilen, die Zwiebeln darüber anrichten. Eine Sauce bereiten aus Öl, Wein, Zitronensaft, Salz, Pfeffer und Paprika und über die Zwiebeln tropfen. Mit Petersilie bestreuen. Zugedeckt – wenn kein Deckel vorhanden Alufolie verwenden – ca. 1 1/2 Stunden bei 180°C backen.

Kartoffeln gelten in der Provence nicht als Beilage, sondern stellen immer ein einzelnes Gericht, einen Gang in einem Menü dar.
Man ißt gern Kartoffeln, und man zeigt auf dem Lande viel Phantasie im Umgang mit "pommes de terre".
Im letzten Frühjahr wurden wir zu Freunden, die eine kleine "ferme" mit Wein und Gemüseanbau bewirtschaften, zum Kartoffelessen eingeladen.
Wir aßen nach einer Suppe aus selbst gesammelten Kräutern frische, gekochte Kartoffeln, die in einer Schüssel mit gedünsteten wilden Knoblauchknollen angerichtet waren. Bernard erzählte, er habe Unkraut auf seinem Weinfeld herausreißen wollen und dabei die wilden Knoblauchstauden entdeckt. Er legte sie zur Seite, um sie uns – blanchiert in Salzwasser – mit einer *Sauce vinaigrette* zu Kartoffeln und schwarzen Oliven zu servieren.

## Trouffade

*1 kg Kartoffeln, 40 g Schmalz,*
*150 g Cantal in feine Streifen geschnitten (oder ein anderer Schmelzkäse), Pfeffer und Salz, 1 große Zwiebel in Ringe geschnitten*

## Gebratene Kartoffeln mit Käse

Kartoffeln schälen, in feine Scheiben schneiden, mit Küchenkrepp trocknen. In einer schweren Pfanne das Schmalz erhitzen, die Kartoffeln und die Zwiebeln hinzugeben, immer wieder umwenden. Sie sollten nur wenig Farbe annehmen. Wenn die Kartoffeln gar sind den Käse hinzufügen und mit einem Holzspatel gut vermengen. Den Käse schmelzen lassen, leicht Farbe nehmen lassen, pfeffern, salzen und sehr heiß servieren.
Ich verändere das Rezept hin und wieder, indem ich die garen Kartoffeln in eine geölte Gratinform gebe, mit den feinen Käsestreifen belege und im Grill oder Backofen kurz überbacke.
Mit einem gemischten oder grünen Salat könnte die *Trouffade* ein kleines Abendessen darstellen.

## Pommes de terre aux quatre épices

*800 g Salatkartoffeln, 2 EL Schmalz,*
*1 Prise Quatre épices, Salz, Pfeffer*

## Kartoffeln mit "quatre épices"

Kartoffeln in Salzwasser fast gar kochen, pellen. In einer Pfanne Schmalz erhitzen, Kartoffeln und die *quatre épices* hinzufügen, unter mehrmaligem Umwenden Farbe nehmen lassen. Man kann noch einige Knoblauchzehen hinzugeben und mit gar schmoren lassen.

## Kronprinzessin-Kartoffeln

Kartoffeln in der Schale in Salzwasser gar kochen, pellen und ohne Flüssigkeit pürieren, mit Salz und Pfeffer abschmecken.
Während die Kartoffeln kochen den Teig herstellen. In einer Kasserolle das Wasser zum Kochen bringen, Salz und Butter zufügen, den Topf von der Flamme nehmen, Mehl schnell unter kräftigem Rühren hinzugeben (alles Mehl auf einmal). Den Topf wieder auf die Flamme stellen und unter Rühren den Teig andicken lassen bis er sich vom Topfrand löst und ein wenig abkühlen lassen. Nach und nach die Eier unterrühren, der Teig muß elastisch, homogen sein. Zum Schluß das Kartoffelpüree ebenfalls unterrühren. Mit der Hand nußgroße Kugeln formen und in der Friteuse in Öl goldgelb backen. Nicht zu viele auf einmal in das Öl geben, da es sonst zu stark Hitze verliert. Auf Küchenkrepp abtropfen lassen, salzen und alsbald servieren.

## Pommes dauphine

*Pâte à choux, 500 g mehlige Kartoffeln, 25 cl Wasser, 1 Prise Salz, 25 g Butter, 125 g Mehl, 3 - 4 Eier, Salz und Pfeffer, Sonnenblumenöl zum Fritieren*

Zu Fleischgerichten, besonders zu Lammfleisch, aber auch zu gegrilltem Fisch werden oft *"Tomates à la provençale"* gereicht. Hier das Rezept:

## Tomaten nach provenzalischer Art

Eine Farce herstellen aus Paniermehl, feingehackter Petersilie, feingehackten Knoblauchzehen, feingehacktem Basilikum. Mit etwas Olivenöl vermischen. Die Tomaten halbieren, entkernen, salzen und umgekehrt auf Küchenkrepp abtropfen lassen. Die Tomatenhälften mit der Farce bestreichen, mit etwas Olivenöl beträufeln. Auf eine feuerfeste Platte setzen und ca. 30 Minuten im Backofen bei 200°C backen.

## Tomates à la provençale

*4 Personen*
*4 feste, reife Tomaten, 2 Knoblauchzehen, 1 Bund Petersilie, 2 EL Paniermehl, Olivenöl, Basilikum, Salz*

"Courgettes" oder Zucchini, wie man auf gut deutsch sagt, begleiten uns den ganzen Sommer. In der Suppe, in einem Auflauf, gratiniert oder gedünstet, werden sie aromatisiert mit verschiedenen Kräutern, gefüllt mit Hackfleisch oder in Gemüseeintöpfen geschmort, angeboten.

## Zucchinis, wie man sie in Nizza zubereitet

Aus den Tomaten eine *Sauce tomate provençale* zubereiten. Die Zucchinis schälen (ich schäle sie nicht), in Stücke oder Scheiben schneiden und in der Tomatensauce kochen. Mit Salz und Pfeffer abschmecken. Mit gehackter Petersilie bestreut anrichten.

## Courgettes à la mode de Nice

*1 kg Tomaten, 6 kleine Zucchinis, 1 Bund frisches Basilikum*

Die beste Art grüne Erbsen zuzubereiten, ist, sie in Butter zu dünsten. Der eine gibt eine kleine Schalotte hinzu, der andere einige Knoblauchzehen und gehackte Petersilie, jedoch immer eine Prise Zucker. Eine Erbsenart, die den deutschen Markt erobert hat, gehört in der Provence zu den traditionellen Gemüsen, es ist die "pois gourmands" auch "mange-tout".
Namen, die gleichermaßen witzig wie zutreffend sind und soviel heißen sollen wie „Vielfraß-Erbsen" und „Allesesser", da man bis auf den Stiel alles essen kann. Die Schoten sind hauchzart, die Erbsen winzig, noch nicht ausgereift. Der Geschmack leicht süßlich.

## „Allesesser" nach Hausfrauenart

## Pois gourmands à la bonne femme

*800 g Erbsenschoten, 1 EL Butter und 1 EL Olivenöl, 150 g magerer geräucherter Speck oder Schinken, 1 Tasse Brühe, 1 kleines Bund Petersilie, 1 kleine gehackte Zwiebel, Salz und Pfeffer*

Beide Enden der Schoten abbrechen und gleichzeitig die Fäden abziehen (wie bei Bohnen). Waschen und abtropfen lassen. In einer Kasserolle Olivenöl und Butter schmelzen, den Speck oder Schinken darin auslassen, die Zwiebel mit den Erbsen hinzufügen, unter mehrmaligem Schwenken andünsten, 1 Tasse Brühe oder Wasser hinzufügen, mit Salz und Pfeffer würzen und garen lassen.
Mit gehackter Petersilie bestreut anrichten.
Es gibt in der Provence noch eine andere Zubereitungsart: Nachdem die Erbsen angedünstet sind, werden sie mit 1 gehäuften Eßlöffel Mehl überstreut. Mit ca. 1/2 Liter Bouillon auffüllen, dann auf mittlerer Temperatur leise kochen lassen. Vor dem Servieren die Erbsen mit 3 Eigelben in Milch oder Wasser verrührt legieren.

Karotten werden sehr häufig in der Provence auf den Tisch gebracht. Sie gehören zu den ältesten Gemüsearten und wurden schon von Griechen und Römern geschätzt. Die Provenzalen bereiten sie auf eine andere Art und Weise zu, als wir es gewohnt sind. Auch hier spielt – vor allem auf dem Lande – der Knoblauch eine große Rolle.

## Karotten nach Hausfrauenart

## Carottes à la ménagère

*750 g Karotten, 3 - 4 Knoblauchzehen, 1 Bund Petersilie, 1 EL Olivenöl, 1 EL Butter, Salz und Pfeffer, 2 EL Crème fraîche, 2 Eigelb*

Karotten putzen, in gleichmäßige Stücke schneiden. Für 5 Minuten in Salzwasser blanchieren, abtropfen lassen. Olivenöl und Butter in einer Kasserolle schmelzen lassen, die geviertelten Knoblauchzehen, die Karotten und die gehackte Petersilie (bis auf 1 Eßlöffel, der zur Dekoration zur Seite gestellt werden sollte) hinzugeben, mit Salz und Pfeffer abschmecken und ca. 40 Minuten lang kochen. Die Kochzeit ist nicht zu hoch bemessen, denn man liebt es, die Karotten leicht verkocht zu essen. Wenn nicht genügend Flüssigkeit vorhanden ist, 1 Tasse Brühe hinzufügen, die Eigelbe mit der *crème fraîche* vermischen und unter die Karotten rühren. Mit gehackter Petersilie bestreut servieren.
Sie können die Kochzeit nach Ihrem Belieben variieren. Ich bevorzuge Karotten, die noch einen „Biß" haben.

Linsen werden ebensohäufig gegessen, meist natürlich kalt als "hors d'œuvre". In jedem Fall gehören reichlich Knoblauch und frische Kräuter in dieses Gemüse, das gleiche gilt für "Pois chiches", Kichererbsen, die wie die Linsen, nachdem sie gut eingeweicht wurden, in einem kräftig gewürzten Sud gekocht werden. In Olivenöl, mit gehackten Zwiebeln oder Knoblauch geschwenkt und mit frisch gehackter Petersilie werden sie serviert.

Hört man *Ratatouille niçoise,* so hat man die sommerliche Provence vor Augen.
Den immerblauen Himmel, das Meer, oder die einsamen Hügel des Hinterlandes mit den duftenden Kräutern und den Lavendelfeldern und den Feldern voll reifer, köstlicher Tomaten, Auberginen, Zucchinis, usw.
Rezepte für eine *Ratatouille niçoise,* diesen Gemüseeintopf, gibt es ebenso viele, wie es Familien gibt. Tomaten, Auberginen, Zucchinis, Knoblauch und Olivenöl gehören immer dazu, die Zusammenstellung ist eine Geschmacksfrage oder hängt auch von dem ab, was in der Küche ist. Besonders gut wird die "Ratatouille", wenn Sie alle Gemüsezutaten (außer Tomaten) in einer Extra-Pfanne in Olivenöl anbraten und dann zu den in einen großen Topf gegebenen Tomaten hinzufügen und gar schmoren lassen. Man neigt leicht dazu, das Gericht nicht lange genug kochen zu lassen. Es muß aber mehr oder weniger verkochen, die angesammelte Flüssigkeit muß verdampfen. 1 1/2 - 2 Stunden sollte man dem Gemüse lassen, sich in diese provenzalische Köstlichkeit zu verwandeln. Niemals "al dente"!
Haben Sie einen Rest, so bietet sich an, diesen am nächsten Tag kalt zu essen.

Hier eines der vielen Rezepte, das Ihnen als Anregung vielleicht dienen kann.

## Ratatouille niçoise

*500 g Tomaten, 500 g Auberginen, 250 g grüne Paprikaschoten, 200 g Zucchinis (man kann ebensogut 500 g nehmen), 2 Zwiebeln, 2 - 3 Knoblauchzehen, 1 Bouquet garni (mit einem Thymianzweig), 1 Bund Basilikum, Olivenöl, Salz und Pfeffer*

## Gemüseeintopf

Alle Gemüse putzen, schälen, häuten (vor allen Dingen die Tomaten und wenn Sie können auch den Paprika. Das geht sehr leicht, wenn Sie die Schoten, wie die Tomaten, kurz in kochendes Wasser legen, mit kaltem Wasser abschrecken und häuten.), in große Stücke schneiden. Zwiebeln in Scheiben schneiden, ebenso den Knoblauch.
In einem Topf Olivenöl erhitzen, das Gemüse, das *bouquet garni* und das feingehackte Basilikum (einen kleinen Rest zur Seite legen und vor dem Servieren über das Gemüse streuen.) hinzugeben, salzen und pfeffern. Zugedeckt ca. 1 1/2 Stunden auf kleiner Flamme köcheln lassen ohne umzurühren. Hat sich zuviel Flüssigkeit angesammelt, so lassen Sie das Gemüse ohne Deckel bei größerer Hitze kochen, bis die gewünschte Konsistenz erreicht ist.

Im Oktober und November sind die Wälder voll von Pilzsammlern. Sie suchen nicht das „schwarze Gold", die Trüffel, sondern den "rosé", einen kleinen aromatischen Pilz, dessen äußere Haut rötlichbraun ist, oder den "cèpe", den Steinpilz, der merkwürdiger-

weise hier nicht den legendären Ruf wie in Deutschland hat. Dagegen sind Pilze, die in Deutschland weniger Beachtung finden, in der Provence sehr gesucht, wie z.B. der "lactaire délicieux", der Edelreizker. Findet man in den Kiefernwäldern einige davon, so wird darüber gesprochen.
Am Mont Ventoux gedeihen Pilze aller Art. Um die jedoch sammeln zu dürfen, braucht man eine Genehmigung.

Man bereitet Pilze im allgemeinen in Olivenöl, mit reichlich zerriebenem Knoblauch und feingehackter Petersilie gebraten, zu, und reicht sie als Entrée auf geröstetem Brot. Oder sie werden als Beilage zu gebratenem oder gegrilltem Fleisch serviert.

## Pilze mit Knoblauch gedünstet

Die Pilze putzen, in Scheiben schneiden und in Butter und Olivenöl anbraten. Salzen und pfeffern, ca. 10 - 15 Minuten schmoren lassen. Kurz bevor man die Pilze serviert, die Petersilie und den Knoblauch hinzufügen, mit wenig Zitronensaft abschmecken. Möchte man die Pilze als Vorgericht servieren, so röstet man Weißbrotscheiben in Olivenöl, reibt die Scheiben mit Knoblauch ab und richtet die Pilze darauf an.

## Champignons sautés à l'ail

*500 g Champignons (Egerlinge, Butterpilze, Maronenpilze oder Steinpilze), 50 g Butter, 1 EL Olivenöl, 4 Knoblauchzehen, 2 EL feingehackte Petersilie, Pfeffer und Salz, Zitrone*

## Im Teigmantel gebackene Champignons

Die Champignons putzen und schnell unter fließendem Wasser waschen. Mit Küchenkrepp abtrocknen. Das Öl in der Friteuse erhitzen, die Champignons in den Teig tauchen und anschließend schwimmend in Öl backen. Sind sie goldgelb, mit einem Schaumlöffel aus der Friteuse nehmen, auf Küchenkrepp abtropfen lassen und servieren. Sie können gleichermaßen als Aperitifhappen, als kleines Vorgericht, oder als Beilage zu gegrilltem Fleisch gereicht werden.

## Champignons en beignets

*500 g Champignons, 200 g Mehl, 2 Eier, 2 EL Sonnenblumenöl, Salz und Pfeffer, Öl zum Fritieren, eine pâte à frire*

## Edelreizker in Weißwein

Die Pilze putzen und schnell unter fließendem Wasser waschen. Auf Küchenkrepp abtropfen lassen. Den Wein und die gleiche Menge Wasser in eine Kasserolle geben. Öl und die Gewürze hinzugeben und zum Kochen bringen. Während 10 Minuten leise kochen lassen, dann die Pilze und die in feine Scheiben geschnittene Zitrone hinzugeben. 20 Minuten auf kleiner Flamme köcheln lassen. Anschließend die Pilze in diesem Sud erkalten lassen und für 24 Stunden in den Kühlschrank stellen.
Die Champignons aus der Marinade nehmen, auf einer Platte anrichten, mit den Zitronenscheiben umlegen, mit der Marinade übergießen und als Beilage zu kaltem Fleisch oder als "hors d'œuvre" servieren.

## Lactaires délicieux au vin blanc

*6 Personen*
*1 kg Edelreizker (kleinerer Größe), 2,5 dl trockener Weißwein, 4 EL Olivenöl, 1 nichtgespritze Zitrone, 10 Pfefferkörner, 10 Korianderkörner, 1 Thymianzweig, 1 Lorbeerblatt, 1 Prise Zucker, Salz*

## Petites galettes aux champignons de Paris

*400 g Champignons, 2 Eier, 50 g Crème fraîche, 3 EL Mehl, 1 Schalotte feingehackt, 1 Knoblauchzehe feingehackt, 1 Bund Basilikum feingehackt, 10 g Butter, Öl für die Friteuse, Salz, Pfeffer und Muskatnuß*

## Kleine Champignonpfannkuchen

Die Champignons putzen und schnell unter fließendem Wasser waschen. In feine Scheiben schneiden. Die Butter in einer Pfanne schmelzen, Schalotte und Knoblauch darin andünsten. Nach 2 Minuten die Pilze hinzugeben. Schmoren lassen, bis alle Flüssigkeit verkocht ist und abkühlen lassen.
In einer Schüssel die Eier mit *crème fraîche* verrühren und das Mehl hinzugeben. Kräftig mit einer Gabel verquirlen. Basilikum und den Inhalt der Pfanne hinzufügen. Mit Salz, Pfeffer und Muskatnuß abschmecken. In eine Pfanne ungefähr 2 cm hoch Olivenöl geben, erhitzen und darin kleine Champignonpfannküchlein von beiden Seiten goldbraun backen. Auf Küchenkrepp legen, damit das überflüssige Fett abtropft. Warmstellen und alsbald servieren.
Mit einem grünen Salat sind die Champignonpfannkuchen als kleines Abendessen zu servieren.

## Cèpes farcis au fromage

*8 große Steinpilze, 60 g trockener Schafskäse fein gerieben, 80 g gekochter Schinken in möglichst feine Streifen geschnitten, 3 Eigelb, 2 Knoblauchzehen feingehackt, 1 dl Weißwein, 1 Bund Petersilie feingehackt, 2 EL Olivenöl, Salz und Pfeffer*

## Mit Käse gefüllte Steinpilze

Die Steinpilze putzen und mit einem trockenen Tuch abreiben. Vorsichtig den Stiel herauslösen und fein hacken. Olivenöl in einer Pfanne erhitzen. Knoblauchzehen und Schinken andünsten, die feingehackten Stiele und die Hälfte der Petersilie hinzugeben. Solange schmoren lassen, bis alle Flüssigkeit verkocht ist.
Die Eigelbe mit dem Käse in einer Schüssel gut vermischen. Den Inhalt der Pfanne hinzufügen. Mit Salz und Pfeffer abschmecken. Den Backofen auf 180° C vorheizen. Eine Gratinform einfetten, die Steinpilze nebeneinander in die Form geben. Mit der Farce füllen und den Wein hinzugeben. Während 30 Minuten backen. Mit der restlichen Petersilie bestreut in der Gratinform servieren.

# Les sauces
# Saucen

Wo aromatische Pflanzen am Wegrand wachsen, wilde Salate und Gemüse gedeihen, Kräuter in den Gärten oder Blumentöpfen wuchern, kreiert die Hausfrau schnell eine neue Sauce.
In einem Land, wo Salat, Rohgemüse oder leicht blanchiertes, abgekühltes Gemüse fast zu jeder Mahlzeit gereicht wird, gibt es naturgemäß eine Fülle von Saucen.
Nahezu jedes Gratin wird mit einer Sauce zubereitet. Zu gebratenem oder gegrilltem Fleisch wird die *Sauce tomate provençale* gegeben, eine Tomatencreme mit reichlich Knoblauch, Petersilie und Thymian.

Beginnen möchte ich mit kalten Saucen, die zu Salaten oder "crudités" gereicht werden.

## Sauce vinaigrette

*ca. 1/2 TL Salz, 2 EL Essig, 1/2 - 1 TL Moutarde de Dijon, 1 - 2 Knoblauchzehen, 7 - 8 EL Olivenöl, Pfeffer*

## Salatsauce

Das Salz in eine kleine Schüssel geben, mit Essig vermischen und so lange rühren, bis es sich aufgelöst hat. Die Knoblauchzehen über einer Gabelspitze an der Schüsselwand zerreiben oder mit der Knoblauchpresse pressen, Senf, Pfeffer und unter Rühren das Olivenöl hinzugeben. So lange rühren, bis sich alle Zutaten gut miteinander verbunden haben und die Sauce fast dickflüssig geworden ist.
Grundsätzlich sollte die Sauce erst kurz bevor man sie über den Salat gibt angerührt werden, da sie sonst zerfällt oder der Knoblauch einen leicht bitteren Geschmack annimmt.

## L'anchoïade

*pro Person 1 Knoblauchzehe, 2 Anchovis-Filets, 5 - 7 EL Olivenöl, Pfeffer*

## Anchoviscreme

Die Knoblauchzehen mit der Haut in wenig Salzwasser garen, schälen und in einem im Wasserbad stehenden Topf zerstampfen, pfeffern, die Anchovis-Filets feingehackt hinzugeben und unter Rühren langsam schmelzen lassen. Das Olivenöl dazugeben. Kurz vor dem Servieren umrühren, da sich sonst die Anchovis am Boden des Topfes absetzen würden.

## Mayonnaise

Eigelb mit Senf dickschaumig verrühren, tropfenweise Olivenöl hinzugeben. Zum Schluß Zitronensaft und evtl. 1 Eßlöffel lauwarmes Wasser unterrühren. Sollte Ihnen das kleine Unglück passieren, daß die Sauce gerinnt, so "richten" Sie sie wieder auf. In eine zweite Schüssel (am besten aus Porzellan) gibt man ein weiteres Eigelb und einige Tropfen Zitronensaft und rührt nach und nach löffelchenweise die Mayonnaise unter.

## Mayonnaise

*2 Eigelb, 2 TL Moutarde de Dijon, 1/2 l Olivenöl, Salz und Pfeffer, Zitronensaft*

## Anchovissauce

Anchovis mit Knoblauch und Eigelb zu einem homogenen Brei verrühren. Nach und nach das Olivenöl hinzugeben. Mit wenig Essig oder Zitronensaft, Salz und Pfeffer abschmecken, wobei man mit dem Salz äußerst vorsichtig umgehen muß.

## Sauce aux anchois

*6 Anchovis-Filets, 2 Eigelb hartgekocht, 1-2 feingehackte Knoblauchzehen, ca. 1/4 l Olivenöl, Salz und Pfeffer, Zitrone oder Weinessig*

## Grüne Sauce

Die Kräuter in kochendem Salzwasser blanchieren, abgießen, ein wenig Kochflüssigkeit aufheben und im Mixer pürieren. Eventuell, damit eine breiige Paste entsteht, mit etwas Kochwasser verdünnen.
Nach völligem Erkalten dieses Kräuterpüree unter die Mayonnaise rühren. Die Sauce schmeckt vorzüglich zu kaltem Fisch, zu "crudités" oder gekochtem und erkaltetem Gemüse.

## Sauce verte

*Mayonnaise (je nach gewünschter Menge), einige Kräuter wie Petersilie, Estragon, Kerbel, Kresse, Spinat, Sauerampfer und Basilikum*

## Provenzalische Knoblauchmayonnaise

In einem Mörser, einer Porzellanschüssel oder mit der Knoblauchpresse die Knoblauchzehen zerdrücken, Eigelb und eine Prise Salz zufügen, unter Rühren tröpfchenweise das Olivenöl dazugeben. Dabei immer in einer Richtung rühren. Wenn die Sauce beginnt fest zu werden, etwas Zitronensaft und 1 Teelöffel lauwarmes Wasser hinzufügen. Gerinnt die *aïoli,* verfahren Sie wie im Rezept für Mayonnaise beschrieben.

## Aïoli

*pro Person 2 Knoblauchzehen, 1 Eigelb, 3-4 EL Olivenöl, Zitrone, Salz und Pfeffer*

## Salatsauce mit Roquefort

In einem Bol (eine kleine Schüssel, die unten abgerundet ist), Salz, Pfeffer und Essig verrühren. Wenn sich das Salz aufgelöst hat, den Senf und die fein zerdrückten Knoblauchzehen untermischen und unter ständigem Rühren das Olivenöl hinzufügen, bis die Sauce cremig wird. Mit einer Gabel den Roquefort unter die Sauce kneten.

## Sauce vinaigrette au Roquefort

*2-4 Knoblauchzehen, 100 g Roquefort, 1-2 EL Weißweinessig, 3-4 EL Olivenöl, 1/2 TL Moutarde de Dijon, Salz und Pfeffer*

## Sauce aux lardons

*125 g geräucherter magerer Speck, 3 EL Rotweinessig, Salz (Vorsicht!), Pfeffer, evtl. etwas Olivenöl*

## Salatsauce mit Speck

Diese Sauce eignet sich besonders, um Salate von wildwachsenden Kräutern oder Endiviensalate zu würzen.
Den Speck in kleine Würfel schneiden und in einer Pfanne bei starker Wärmezufuhr auslassen. Wenn er goldbraun ist, mit Rotweinessig ablöschen und gut den Bratensatz lösen. Mit frisch gemahlenem Pfeffer, evtl. Salz, würzen. 1-2 Eßlöffel Olivenöl hinzugeben.
Wenn man dem mit dieser Sauce angemachten Salat einen Hauch von Knoblauch geben möchte, so reibt man die Salatschüssel, bevor man den Salat hineingibt, mit Knoblauch aus.

## Sauce rouille

*2 Knoblauchzehen, 2 rote Chili-Schoten, 1 gestrichener EL Paniermehl (nicht unbedingt), 1 EL Olivenöl, 1-2 Eigelb, ca. 6 EL Fischbrühe*

## Scharfe Knoblauchsauce

In einem Mörser die Knoblauchzehen und die Chili-Schoten fein zerreiben und wenn man mag das Paniermehl. Das Eigelb hinzufügen und mit dem Knoblauch vermengen. Langsam nach und nach das Olivenöl unterrühren und soviel Fischsud hinzufügen, bis eine cremige Sauce entsteht.

Wie schon zu Beginn des Saucenkapitels erwähnt, bringt in der Provence jede Hausfrau ihre eigene Saucen-Creation auf den Tisch. Sie sollten deshalb die vorangestellten Saucen als Grundrezepte betrachten und eigene Zusammenstellungen ausprobieren. Es macht auf jeden Fall Spaß, zu einem vor dem Hauptgang servierten Salat, seine Gäste mit einer eigenen Salatsauce zu überraschen.

## Sauce piquante

*1 Zwiebel feingehackt, 1 Glas Weinessig, 1/4 l Tomatenpüree, Olivenöl oder Butter, 1 Bouquet garni, 1 Knoblauchzehe, 1/2 EL Mehl, 2-3 Cornichons feingehackt, 1-2 EL Kapern feingehackt*

## Pikante Sauce

In Olivenöl oder Butter die Zwiebel anbraten, mit dem Essig ablöschen und einkochen lassen. *Tomatenpüree* und – wenn Sie haben – Bratenjus des begleitenden Fleisches unterrühren, mit wenig Mehl (in Wasser aufgelöst) andicken, Knoblauchzehen und *bouquet garni* hinzufügen und ca. 30 Minuten kochen. Vor dem Servieren Cornichons und Kapern hinzugeben, das *bouquet garni* und die Knoblauchzehe entfernen.

## Sauce béchamel

*60 g Butter, 40 g Mehl, ca. 1/4 l Milch, Salz, Pfeffer und Muskatnuß, 3-4 EL Crème fraîche, 1-2 Eigelb*

## Bechamelsauce

Butter langsam zergehen lassen, unter Rühren Mehl hinzufügen. Kurz „anschwitzen" lassen und mit heißer Milch, unter ständigem Rühren, ablöschen. Einmal kurz aufkochen lassen, mit Salz, Pfeffer und Muskatnuß abschmecken, mit 1-2 Eigelb legieren und *crème fraîche* unterziehen.

## Provenzalische Tomatensauce

Zwiebeln, Knoblauch und die gehackte Petersilie in Olivenöl anschmoren, die gehäuteten, entkernten und in Stücke geschnittenen Tomaten dazugeben, mit Salz und Pfeffer würzen, die Kräuter hinzufügen und etwa 1 Stunde kochen lassen. Mit etwas Zucker abschmecken und evtl. durch ein Sieb streichen.

## Sauce tomate provençale

*für ca. 1 l Sauce benötigen Sie:*
*5 - 6 EL Olivenöl, 1 - 2 gehackte Zwiebeln, 3 - 4 gehackte Knoblauchzehen, 1 Bund Petersilie, 1 kg Tomaten, 1 TL Thymian, 1 EL gehacktes Basilikum (1 TL, falls das Basilikum getrocknet ist), 1 Lorbeerblatt*

## Tomatenpüree

Die Tomaten halbieren, die Kerne entfernen. Die Tomatenhälften in einem Topf zum Kochen bringen, ca. 10 Minuten brausend kochen, dann die Temperatur herunterschalten und während mehrerer Stunden ohne Deckel köcheln lassen, bis das Püree die gewünschte Konsistenz hat. Durch ein Haarsieb streichen. Mit Salz und Pfeffer abschmecken.

## Coulis de tomates

*1 kg Tomaten, Salz und Pfeffer*

## Kräutersauce

Die Kräuter fein hacken oder durch die Kräutermühle drehen. Anschließend im Mörser zerreiben. Dieses Mus in ein Haarsieb geben und mit siedendem Essig übergießen und mit einem Löffelrücken durch das Haarsieb in ein Töpfchen streichen. Auf kleiner Flamme erhitzen, kurz vor dem Kochen vom Feuer nehmen, salzen und unter Rühren langsam erkalten lassen.
Mit Olivenöl, und wenn man mag, mit 1 - 2 Eidottern vermischen.

## Sauce aux herbes

*1 Teil Spinat, jeweils 1/5 Teil Estragon, Sauerampfer, Portulak, Petersilie, Kerbel, 2 kleine Schalotten, etwas Basilikum, Majoran und Thymian*

## Zwiebelmus

Die Zwiebeln schälen (unter fließendem kalten Wasser lassen sich Zwiebeln ohne Tränen schälen) und in feine Scheiben schneiden, ca. 40 Minuten in wenig Wasser kochen. Abschütten und die Zwiebeln durch ein Sieb streichen oder besser im Mixer pürieren. In einer Kasserolle die Butter schmelzen, das Mehl darin anschwitzen und mit wenig Milch auffüllen. Das Zwiebelmus hinzufügen, mit Salz und Pfeffer abschmecken.
Wer mag, kann kurz vor dem Servieren 1 - 2 Eßlöffel *crème fraîche* unter die Sauce rühren. Eine Sauce, die zu allen Fleischgerichten paßt.

## Purée d'oignons

*ca. 15 große Zwiebeln, 1 gehäufter EL Mehl, ca. 40 g Butter, Milch*

## Sauce aux aromates

*in 1/2 l Bouillon je 1 Zweig Thymian, Basilikum, Bohnenkraut, Majoran, Salbei, 2 feingehackte Schalotten, ein wenig Schnittlauch, Salz, Pfeffer, Muskat, 60 g Butter und 1 EL Mehl*

## Sauce mit Kräutern

Die Kräuter in der Bouillon kurz aufkochen und 10 Minuten ziehen lassen und abseihen. Eine Mehlschwitze aus Butter und Mehl herstellen, mit dieser aromatisierten Bouillon auffüllen und zum Kochen bringen. Vor dem Servieren mit Zitronensaft, Salz und Pfeffer abschmecken und mit gehacktem Estragon und Kerbel bestreut anrichten. Eine vorzügliche Sauce zum gekochten Fisch.

## Sauce aux fines herbes

*60 g Butter, feingehackte Kräuter, 1 EL Mehl, ca. 1/2 l Bouillon, Salz, Pfeffer*

## Sauce mit feinen Kräutern

In einem Topf die Butter schmelzen, feingehackte Kräuter, je nach Angebot, wie Petersilie, Kerbel, Estragon, Schnittlauch, Zwiebel, Kresse darin andünsten, mit dem Mehl überstäuben und mit der Bouillon auffüllen. Ca. 10 Minuten köcheln lassen. Mit Salz und Pfeffer abschmecken.

Zu Schweine- oder Kalbfleisch servieren, paßt auch gut zu verschiedenen Fischen.

## Purée d'ail

*2 Knollen frischer Knoblauch, 4 Kartoffeln geschält und in Stücke geschnitten, 10 cl Milch, 2 EL Crème fraîche, Salz, Pfeffer*

## Knoblauchpüree

Die Kartoffeln in Salzwasser gar kochen. Die Knoblauchknollen ebenfalls in kochendem Wasser garen, das dauert etwa 5 - 10 Minuten. Dann häuten und mit den Kartoffeln im Mixer oder in der Gemüsemühle pürieren. Milch und *crème fraîche* unterrühren, salzen und pfeffern und sofort servieren.

Diese Sauce schmeckt vorzüglich zu Lammbraten oder anderem kurz gebratenem Fleisch.

## Court-bouillon

*1/2 - 1 Flasche trockener Weißwein, weiße Pfefferkörner, 1 Bouquet garni, Lauch, Sellerie, Karotte, 1 Zwiebel, 1 - 2 Nelken*

## Court-bouillon

Das Verhältnis Wasser zu Wein richtet sich nach dem zu kochenden Fisch. Bei Schalen- und Krustentieren 2/3 Wasser und 1/3 Wein, bei Fischen umgekehrt oder sogar nur trockener Weißwein. In der Wasser-Wein-Mischung einige ganze Pfefferkörner, 1 *bouquet garni,* 1 Stück Lauch, Sellerie und Karotte, 1 Zwiebel mit 1 - 2 Nelken gespickt und etwas Weißweinessig zum Kochen bringen und ca. 20 Minuten köcheln. Mit Salz abschmecken. In diesem Sud Schalen- oder Krustentiere bzw. Fische garen lassen.

## Crème fraîche

## Creme fraiche

ist eine säuerliche, dickflüssige Sahne, die es inzwischen auch in Deutschland zu kaufen gibt. Man kann sich, falls man keine *crème fraîche* bekommt, folgendermaßen helfen: gleiche Teile süße Sahne mit dicker saurer Sahne vermischen.

# Les fromages
# Käse

Käse – in diesem Zusammenhang erinnere ich mich gern an eine Wanderung zum Mont Ventoux.
Wir wählen die Hinfahrt über Sault, um auf dem Hochplateau von Albion einen Bauern aufzusuchen, der dort eine Herde Ziegen, einige Hühner und Enten und mehrere Bienenvölker hält. Die umgebenen Lavendelfelder sorgen für einen ausgezeichneten aromatischen Honig.
Monsieur Baral ist Lavendelbauer. Auf seinem Land zieht er Lavendel, fast das einzige, das auf diesem kargen Boden gedeiht.
Unversehens bin ich schon mitten in der Geschichte, doch erst sollten Vorbereitungen zu diesem Ausflug und der sehr reizvolle Weg beschrieben werden.

Da wir am Mont Ventoux Kräuter finden, die in der Ebene nicht wachsen, wird eine Gartenschere und ein Korb eingepackt. In einem weiteren Korb, wird das "goûter", das Vier-Uhr-Vesper der Kinder untergebracht. Kakao und Schokoladenbrote, so ganz gegen die zeitgenössische Ernährung Weißbrotscheiben mit Butter und dicken Riegeln Schokolade, genau wie es die anderen Kinder unserer Straße haben, dazu mehrere Äpfel und eine Flasche, die bei St. Estève, am Fuße des Mont Ventoux, mit kühlem Quellwasser gefüllt wird. In den Picknick-Beutel kommt ein bescheidenes Mittagessen, Brot, Wurst, Oliven, Eier, Käse, Obst.

Kaum verlassen wir unser Dorf, sehen wir den Mont Ventoux, den windigen Berg, von den Provenzalen liebevoll "mistrau" – Meister genannt, vor uns liegen. Er dominiert über die Ebene der Vaucluse, aus der er plötzlich aufsteigt und ihre nördliche Begrenzung darstellt. Er ist überall gegenwärtig und nichts überragt ihn mit seiner Höhe von 1.912 m über dem Meeresspiegel.
Auf beiden Seiten der Straße wächst Wein, Côtes du Rhône. Wir fahren durch Dörfer, in denen die Zeit nicht zu vergehen scheint, nähern uns den Collinen von St. Madeleine. An den Hängen wächst der bekannte Gigondas-Wein. Das Städtchen Carpentras mit seinen schönen Gebäuden aus der "belle époque", der Zeit um die Jahrhundertwende,

und dem kleinen römischen Triumphbogen, wird erreicht und durchquert. Der Weg führt nun direkt nach Bedoin, am Fuße des Mont Ventoux. Olivenbäume links und rechts der Straße. Die Steigung beginnt zugleich mit 12 %. Wir haben die Route über Bedoin gewählt, weil sie für uns die interessantere, die mediterrane Seite des Berges ist. Hier findet man alle Kräuter des Mittelmeerraumes. Im Gegensatz zu dem Aufstieg über Malaucène, dort hat der Weg zum Gipfel und auch die Flora fast alpinen Charakter. Wir erreichen den schattenspendenden Mischwald, dann den Zedernwald und schließlich Krüppelkiefern, die die Bewaldungsgrenze bilden.
In dieser Höhe verläuft ein Forstweg, auf dem man den Mont Ventoux ein Viertel umlaufen kann. Auf diesem Weg finden wir Sarriette, was als Winterbohnenkraut, Eselspfeffer oder auch als Alpensaturei bezeichnet wird. Es gleicht unserem Bohnenkraut, die Blättchen laufen oben spitz zu und können empfindlich stechen, wenn man sie nicht vor Gebrauch mit den Händen zerreibt. Im Juli und August sieht man ganze Sarriette-Teppiche weißblühend am Straßenrand. Wir ernten reichlich und freuen uns, den mitgebrachten Ziegenkäse damit würzen zu können. Während des ganzen Weges haben wir rechter Hand das nach der Baumgrenze beginnende Geröllmassiv vor uns liegen.
Wildwachsenden Majoran, Oregano, können wir hier und dort pflücken. Zwischen den weißen Kissen des Sarriette, das hier an den Hängen des Mont Ventoux das beste Aroma hat, sehen wir rosablühende Kräuter, es ist Quendel, wilder Thymian, hier "serpolet" genannt, ein Kraut, kleiner als Thymian, dicht an den Boden geduckt, seine kleinen Blättchen umwachsen eng Stiele und Blüten.
Quendel ist ein Kraut, dem viele Tugenden zugesprochen werden und das schon bei Griechen und Ägyptern in hohem Ansehen stand.
Zwischen den Krüppel-Kiefern stehen an manchen Hängen Buchen, klein im Wuchs, Schutz suchend gegen den oft eisig fegenden Wind, den Feind und Freund gleichermaßen, den Mistral. Ohne ihn wäre die Provence nicht die Provence, und die Provenzalen nicht die Provenzalen. Der ständig herausfordernde Wind zwingt Mensch wie Landschaft sich einzufügen, der Natur unterzuordnen. Mensch und Landschaft offenbaren sich nicht gleich dem Fremden.
Nimmt man die Herausforderung an, öffnen sich einem die Geheimnisse der Provence. Das Licht, die Klarheit des Himmels, die Reinheit der Farben von Häusern und Feldern.
Wir finden ein schattiges Plätzchen für unser "pique-nique". Vor uns die weite Ebene, nach Norden die "Dentelles" des Montmirail, nach Westen die klaren Linien der Hügel von Cairanne und Rasteau.

Die Kräutersuche geht weiter, bis der Korb gefüllt ist. Beiläufig entdecken wir Steine, die durch ihre bizarre Form an Skulpturen der klassischen Moderne erinnern. Wir nehmen einige Meisterwerke der Natur mit, um sie in unserem Garten aufzustellen.

Auf dem Rückweg pflücken wir verspätet blühenden Ginster. Sein Gelb hebt sich leuchtend vom Grün der übrigen Pflanzen ab. In der Ebene blüht der Ginster im

Frühling. Auf fast 1.000 m Höhe fühlen wir uns mitten im Sommer in den Frühling zurückversetzt und empfinden die kühleren Temperaturen als ausgesprochen angenehm. In den der Sonne nicht zugänglichen Winkeln, findet man noch im Frühsommer Schnee. Im Winter ist die Auffahrt bis zum Gipfel gesperrt, weil häufig eine dichte Schneedecke den Mont Ventoux einhüllt.
Unser Weg führt uns weiter in Richtung Sault, durch einen Wald von Kiefern und Zedern. Plötzlich liegt uns die Ebene von Sault zu Füßen, die begrenzt wird durch die Hügelkette des Plateau Albion.

Das Plateau Albion ist eine Hochebene, die das Gebiet von Sault, Aurel, Revest-du-bion und St. Christol umfaßt. Es ist der Lavendelgarten Frankreichs.

Von Juni bis September verwandelt sich das Plateau in ein Meer von Violett. Lavendelstauden, in geordneten Reihen, bilden Linien bis zum Horizont. Die Felder werden von grasgesäumten Feldwegen begrenzt.
Im August, zur Zeit der Ernte, entfaltet sich das volle Bouquet des Lavendels.
In den verstreut liegenden Destillerien werden die Rückstände der Lavendeldestillation verbrannt. Dann liegt ein würziger Duft aus Rauch und Lavendel über der Landschaft. Meist wird der Lavendel noch von Hand, mit einer Sichel geschnitten, "le coupage", und zu handlichen Bündeln zusammengefaßt. Aber man sieht auch schon vereinzelt Erntemaschinen, die diese mühselige Arbeit vereinfachen.

Wir überqueren die Hochebene und erreichen den Hof unseres Lavendelbauern, Monsieur Baral. Das Haus liegt in einer Mulde, zum Schutz vor dem Mistral. Unter jedem Baum steht eine Hundehütte, aus denen bei unserer Ankunft mit großem Gebell Hunde stürzen. Harmlose, gutartige Hunde, die aus reinem Geltungsbedürfnis dieses Spektakel machen. In der Ferne die Ziegenherde mit Pepin, dem ältesten Sohn der Barals. Wir werden freudig begrüßt und ins Haus gebeten. Ein Pastis wird aus dem Schrank geholt, für die Frauen ein "sirop". Wir fragen nach der Ernte, dem Wetter, den Kindern und schon entwickelt sich ein lebhaftes Gespräch, wir bekommen Einblick in die schwierige Lage der Lavendelbauern. Er lasse seinen Lavendel stehen, sagt Monsieur Baral. „Nehmen Sie soviel sie wollen, die Ernte kostet mich mehr als sie mir einbringt. Seit zehn Jahren ist der Preis unverändert".
Billigimporte vom Balkan und chemische Lavendeldüfte machen seine Arbeit fast unnötig.

Nach dem Gespräch ging ich mit Madame Baral in die Käsekammer und suchte Ziegenkäse verschiedenen Reifegrades aus. Den ganz frischen, der noch cremig weiß ist, um ihn recht bald mit reichlich gehacktem Knoblauch und Petersilie zu essen, den älteren, schon hart gewordenen, um ihn im Grill zu überbacken, und ihn als "hors d'œuvre" zu servieren, oder um ihn in Olivenöl mit aromatischen Pflanzen einzulegen.
Ich fragte nach dem einzigartigen aromatischen Lavendelhonig, den wir bei unserem letzten Besuch gekauft hatten. "Elles n'ont pas travaillé, les abeilles" – sie haben nicht

gearbeitet, die Bienen. Es gibt keinen Honig. Warum? "On ne sait pas" – man weiß es nicht.
Sie gibt uns ein Glas aus ihrer eigenen Reserve vom letzten Jahr.
In der Abenddämmerung geht es zurück nach Hause, nach Sérignan. Die untergehende Sonne taucht den Mont Ventoux, der im Westen vor uns liegt, in ein rotes Kleid. Kreisrund steht die Sonne über Carpentras, als wir die Ebene erreichen.

Auf den kargen Weideflächen der Provence grasen Schafe und Ziegen. Kühe dagegen finden hier zuwenig Nahrung. Sie verlangen nach satten grünen Weiden, die sie hauptsächlich im nördlichen Frankreich finden.
Daher kann der regionale Käsemarkt nur Ziegen- oder Schafskäse anbieten, beides jedoch von ausgezeichneter Qualität. "Petits chèvres", kleine, feste halbtrockene Ziegenkäse werden mit Sarriette in Olivenöl eingelegt. Knoblauchfreunde geben noch einige frische Knoblauchzehen hinzu.
Ganz frischer Ziegenkäse, vermengt mit gehackter Petersilie, fein zerdrückter Knoblauchzehe und Olivenöl, verführt zur "gourmandise", zum Naschen!
Was eigentlich ins Kapitel hors d'œuvre gehören würde, mir aber in diesem Zusammenhang verständlicher erscheint, ist folgendes Rezept:

## Fromage de chèvre sur le gril

*2 Personen*
*2 kleine Ziegenkäse, 1 EL Olivenöl, Bohnenkraut, Pfeffer, 2 oder mehrere Weißbrotscheiben (Stangenbrot)*

## Gegrillter Ziegenkäse

Den Käse in Längsscheiben schneiden, in Olivenöl wenden, mit Bohnenkraut bestreuen und auf geröstetes, mit Knoblauch eingeriebenes Brot legen, im Grill kurz gratinieren.
Eine andere Zubereitungsart:

Den Käse halbieren, in Öl und Bohnenkraut wenden. Den Grillrost mit Alufolie auslegen, die Käsehälften darauflegen, über Holzkohle grillen. Nach ca. 3 Minuten die Käsehälften umwenden. Vor dem Servieren leicht mit Pfeffer bestreuen.

Eine Variante meines "cachat":

## Lou cachat

*halbfrischer Ziegenkäse, Salz, Pfeffer, Bohnenkraut, Eau de vie*

## Angemachter Ziegenkäse

Den Ziegenkäse und die übrigen Zutaten mit einer Gabel gut vermengen, in ein Steingutgefäß geben und einige Tage fermentieren lassen. Man kann den "cachat" mit wenig "eau de vie" würzen. Die entnommene Käsemenge immer wieder durch frischen "tomme", Ziegenkäse, ersetzen.
Kenner essen den "cachat" mit Knoblauch oder Zwiebeln.

# Les desserts et les pâtisseries
# Nachspeisen und Backwaren

Die Vielzahl von frischen Früchten reizt geradezu zum Backen. Obst in Sirup oder Wein zu servieren, wildwachsende Beeren zu ernten und ein Sorbet – was natürlich kein traditionelles Rezept ist – zuzubereiten.
Pfefferminz sprießt in allen Kräuterbeeten. Durch die Zuwanderer aus Nordafrika wird in der heutigen Provence dieses Kraut häufig verwendet.

Das köstlichste Dessert von wildwachsenden Blüten, das ich je gegessen habe, ist ein „beignet de fleurs d'acacias", das sind Akazienblüten in einen Ausbackteig getaucht und schwimmend in Fett gebacken. Mit feinem Zucker überstreut zu einem kühlen Dessertwein serviert. Kann es Besseres geben?

Zuerst einige Grundrezepte für Teigarten. Ich zitiere „La cuisine provençale".

## Hefeteig

Mehl in eine Schüssel sieben, in der Mitte eine Vertiefung machen, die lauwarme Milch hineingeben, danach eine Prise Zucker und die zerbröckelte Hefe. Zugedeckt 20-30 Minuten warmstellen, damit die Hefe gehen kann. Dann die restlichen Zutaten dazugeben und kräftig miteinander vermengen. Zugedeckt ca. 1 Stunde warmstellen, der Teig sollte sich auf das doppelte Volumen vergrößern. Nochmals mit der Hand durchkneten und weiterverwenden.
Um eine glänzende, schöne Oberfläche zu erhalten, mit einem verquirlten Eigelb vor dem Backen bestreichen.

## Pâte à brioche

*250 g Mehl, 1/8 l Milch, 50 g Butter in haselnußgroße Stücke zerteilt, 20-30 g Hefe, 1 Eigelb, 1 Prise Salz, 1 Prise Zucker (70 g Zucker, wenn der Teig süß sein soll)*

## Pâte brisée

*250 g Mehl, 125 g Butter, ca. 1/2 TL Salz, 1 gehäufter EL Zucker bei süßer Füllung! 1/2 Glas Milch*

## Pastetenteig

In eine Schüssel das Mehl sieben und die in haselnußgroße Stücke geteilte Butter dazugeben. In der Mitte des Mehls eine Vertiefung machen und die restlichen Zutaten hineingeben. Vorsichtig mit den Händen zu einem glatten Teig vermengen.
Für einen Boden von 22 oder 23 cm im Durchmesser 150 g Mehl und 75 g Butter etc. verwenden.

## Pâte à choux

*250 g Mehl, 200 g Butter, 1/2 Glas Wasser, 7-8 Eier, 1 Prise Salz*

## Brandteig

In einem Topf das Wasser mit der Butter und einer Prise Salz zum Kochen bringen. Mehl unter kräftigem Rühren hinzugeben und einige Minuten auf der Flamme weiterrühren. Wenn der Teig glatt ist und wenn er sich vom Rand des Topfes löst, zur Seite stellen und etwas abkühlen lassen. Nach und nach unter Rühren die Eier hinzugeben und sofort weiterverarbeiten.

## Pâte sablée

*250 g Mehl, 125 g Butter, 125 g Zucker, 1 Ei, 1 Messerspitze Salz*

## Mürbeteig

In einer Schüssel das Ei mit dem Zucker und Salz schaumig rühren, das Mehl auf einmal hinzugeben und mit den Händen vermengen. Den Teig – d.h. es ist ja mehr ein klumpiges Mehl – auf die Arbeitsplatte geben, die Butter in Flöckchen darüber verteilen und schnell unter das Mehl kneten. Je nach Wunsch weiterverarbeiten, als Tortenboden oder kleine Plätzchen. Bei geringer Temperatur backen.

## Pâte à frire

*500 g Mehl, 2 Eigelb, 1 Prise Salz, 2 EL Olivenöl, 1-2 Glas Wasser, 2 Eiweiß, zu festem Eischnee geschlagen*

## Ausbackteig

Das Mehl in eine Schüssel sieben, in der Mitte eine Vertiefung machen, die restlichen Zutaten bis auf den Eischnee hineingeben und von innen nach außen zu einem glatten Teig verarbeiten. Mit einem Tuch bedecken. Vor dem Gebrauch den Eischnee unterheben und weiterverarbeiten.

## Beignets aux pommes

*2-3 nicht zu süße Äpfel (Renette), 4-6 EL feiner Zucker, 1 EL Cognac, Kirschwasser oder Rum, Öl für die Friteuse*

## Im Teigmantel überbackene Äpfel

Eine *Pâte à frire* zubereiten. Die Äpfel entkernen, rundherum abschälen und in Scheiben von ca. 1/2 cm schneiden. In eine Schüssel mit 2 Eßlöffel Zucker und dem Alkohol geben, ca. 1 Stunde ziehen lassen.

Jede Scheibe in den Teig tauchen und in siedendem Öl schwimmend backen (Ca. 190°C). Mit Zucker bestreut servieren.

---

Eine andere Zubereitungsart der *Pâte à frire:*
Die Hefe in dem Bier auflösen, das Mehl und die Prise Salz auf einmal hineingeben und unterrühren. Ca. 2 Stunden gehen lassen. Währenddessen die Äpfel vorbereiten. Bevor man die Apfelscheiben in den Teig taucht, diesen umrühren.
Weiterverfahren wie in dem zuvor beschriebenen Rezept.

*350 g Mehl, 120 g Hefe, 1/2 l Bier, 1 Prise Salz*

---

## Im Teigmantel gebackene Akazienblüten

Den Teig herstellen. In einer Schüssel Mehl, Bier und Öl vermengen, während 12 Stunden ruhen lassen. Dann das Eigelb unterrühren, danach Salz und das zu festem Eischnee geschlagene Eiweiß. Die verwelkten Blüten entfernen. Die Dolden, indem man den Stiel festhält, in den Teig tauchen und in die Friteuse gleiten lassen. Bei 190°C goldgelb abbacken. Mit Zucker bestreut servieren.

## Beignet de fleurs d'acacias

*Pâte à frire: 125 g Mehl, 12 cl Bier, 2 EL Erdnußöl, 2 Eier, Blütendolden von Akazien, Öl zum Fritieren, Zucker*

---

## Orangentorte

Den Teig herstellen und ca. 20 Minuten ruhen lassen. Mit einer Reibe die Orangenschale abreiben, die Orange und die halbe Zitrone entsaften.
Den Backofen auf 180°C vorheizen.
In einer Schüssel die Eier mit dem Zucker, dem Orangen- und Zitronensaft, der Orangenschale und der zerlassenen Butter zu einer Creme verrühren.
Den Teig ausrollen, eine Tortenform von 26 cm Durchmesser damit auslegen, die Creme hineingeben und ca. 20 bis 30 Minuten backen.
Den Kuchen kalt servieren.

## Tarte à l'orange

*Pâte brisée aus 250 g Mehl*
*Garnitur: 2 Eier, 60 g Zucker, 1 ungespritzte Orange, 1/2 ungespritzte Zitrone, 60 g Butter*

Kurz bevor ich die Provence kennenlernte, wußte ich durch anschauliche Schilderung was „madeleines“ sind. Goldgelbe, kleine Kuchen, die wie Muscheln aussehen.
Ich kaufte mir alsbald die Backformen dafür und backe sie seitdem immer wieder.

## Madeleines

*8 Eier, 500 g Zucker, 500 g Butter, 500 g Mehl*

## Muschelküchlein

Die Eier mit dem Zucker in eine Schüssel geben und schaumig rühren, die zerlassene Butter und das gesiebte Mehl hinzugeben und vorsichtig untermengen.
Mit Zitronenschale oder einem Geschmack Ihrer Wahl würzen. In gebutterte Förmchen geben und bei ca. 160°C goldgelb backen.

## Galette soufflée aux cerises

*100 g dunkle Kirschen, 2 Eier, 100 g Mehl, 60 g Zucker, 5 cl Kirschwasser, 1 dl Milch (1 Glas), 70 g Butter, 1 Prise Salz*

## Kuchensoufflée mit Kirschen

Die Kirschen entkernen, mit dem Kirschwasser übergießen und 1/2 Stunde ziehen lassen. Die Eier trennen, das Eigelb mit dem Zucker schaumig rühren, das Mehl hinzufügen und die Milch unterrühren.
50 g Butter schmelzen und mit den Kirschen und dem Kirschwasser in den Teig rühren. Die Prise Salz zu dem Eiweiß geben und einen festen Eischnee schlagen. Vorsichtig unter den Teig heben. Die restliche Butter in einer schweren Pfanne erhitzen, den Teig mit den Kirschen hineingeben und auf kleiner Flamme backen. Es ist zu empfehlen, eine Isolierplatte zwischen Pfanne und Platte zu legen.
Ebenso kann man diese “galette” im Backofen bei ca. 160°C während 30 Minuten backen.

In Frankreich werden gerne *“tartes”* das heißt Obstkuchen zum Dessert gereicht, dazu wird ein Rotwein oder auch ein Weißwein serviert. Die Garnitur wechselt mit der Jahreszeit. Im Frühling Rhabarber, Erdbeeren und Himbeeren. Im Sommer Johannisbeeren, Aprikosen und Mirabellen. Zum Herbst und Winter hin wird der Tortenboden mit Apfelstückchen, Trauben oder Nüssen belegt. Entweder werden die Früchte direkt auf den Tortenboden gegeben und mitgebacken oder ein bereits gebackener Tortenboden wird mit Erdbeeren oder Johannisbeeren belegt.
Man gibt gerne das Obst auf den Tortenboden, übergießt mit einer Creme und backt den Kuchen, wie das folgende Rezept beschreibt.

## Tarte aux mirabelles à la crème

*750 g Mirabellen, 1 EL Kirschwasser*
*Eine Pâte brisée bereiten aus:*
*150 g Mehl, 75 g Butter, ca. 1/2 TL Salz, ca. 1/2 Glas Wasser, 1 EL Zucker,*
*Creme: 25 g Mehl, 50 g Milch oder Crème fraîche, 50 g Zucker, 1 Ei*

## Mirabellenkuchen mit Creme

Den Teig zubereiten und eine gebutterte Tortenform damit auslegen. Die Mirabellen waschen, abtropfen lassen, halbieren, entkernen und auf den ungebackenen Tortenboden schichten. Das Ei mit Zucker und Mehl verschlagen, Milch und Kirschwasser hinzufügen und über die Früchte gießen.
Ca. 30 - 40 Minuten im Backofen bei 180 bis 200°C backen.
Lauwarm oder kalt servieren.
Diese Torte läßt sich ebensogut mit Aprikosen zubereiten.

## Johannisbeerkuchen

Den Teig zubereiten, in eine gebutterte Tortenform von 25 cm Durchmesser geben und bei ca. 180°C abbacken. Die Hälfte der Johannisbeeren von den Stielen zupfen und zur Seite stellen. Die restlichen Beeren mit 1/2 Glas Wasser aufkochen. Leise 10 Minuten kochen lassen und entsaften und durch ein Sieb streichen. Den Saft mit dem Zucker kurz aufkochen, abkühlen lassen, die rohen Johannisbeeren hinzufügen und lauwarm auf dem Tortenboden verteilen. Sehr kühl servieren.

## Tarte aux groseilles

*Pâte brisée aus 150 g Mehl, 500 g rote und weiße Johannisbeeren, 200 g Zucker, 1/2 Glas Wasser*

## „Schneeier“

Die Milch in einen Topf geben und mit der Vanilleschote zum Kochen bringen. Die Eier trennen, das Eiweiß zu festem Schnee schlagen, mit dem Päckchen Vanillezucker süßen. Sobald die Milch kocht, mit Hilfe eines Eßlöffels portionsweise das Eiweiß in die kochende Milch geben. Die Schneekugeln auf beiden Seiten ca. 2-3 Minuten kochen lassen. Da die Eischneemasse sich aufbläht, läßt man viel Zwischenraum zwischen den Schneebällen.

Die festgewordenen Eischneekugeln zum Abtropfen auf ein Sieb geben (die abtropfende Milch auf einem Teller auffangen.) Nach und nach die Eischnee-Kugeln garen lassen. Die Zubereitung der Creme:

Die Eigelbe mit dem Zucker verschlagen bis die Masse cremig wird. Die lauwarme Milch hinzufügen, auf kleiner Flamme solange rühren, bis die Creme die gewünschte Konsistenz erreicht hat (sie muß den Löffelrücken überziehen). Nicht aufkochen lassen, da die Creme sonst gerinnt.

In eine Schüssel geben, die Eischnee-Bälle darüber verteilen und mit karamelisiertem Zucker übergießen. Eiskalt servieren.

## Œufs à la neige

*3/4 l Milch, 1 Vanilleschote, 6 Eier, 1 Tütchen Vanillezucker, 100 g Zucker, Salz*

## Gebackene Aprikosen

Eine Creme zubereiten, wie im Rezept „Schneeier“ beschrieben und ca. 2 Stunden vor dem Gebrauch in den Kühlschrank stellen, davor das Kirschwasser dazugeben. Aprikosen waschen, abtropfen lassen, halbieren und die Steine entfernen. Die Aprikosenhälften in einer feuerfesten Form verteilen, mit Zucker bestreuen und unter den Backofengrill schieben, (etwa 5 Minuten) bis die Aprikosen leicht karamelisiert sind. Den Grill abschalten, die Aprikosen jedoch noch im Backofen belassen. Heiß mit der eiskalten Creme servieren.

## Chaud-froid d'abricot

*800 g Aprikosen, 60 g Zucker*
*Creme mit Kirschwasser: 1/2 l Milch, 4 Eier, 50 g Zucker, 1 EL Kirschwasser*

## Erdbeeren mit Himbeeren

Die Erdbeeren schnell unter fließendem Wasser waschen, abtropfen lassen, die Stiele entfernen und die Früchte halbieren. Die Himbeeren durch ein Sieb streichen, den Zucker und den Maraschino hinzufügen.
Die Erdbeeren in Portionsschalen aufteilen und mit der Himbeermasse übergießen. Ca. 1 Stunde kaltstellen.

## Fraises aux framboises

*500 g Erdbeeren, 250 g Himbeeren, ca. 250 g Zucker, 1 Gläschen Maraschino*

## Sorbet von schwarzen Johannisbeeren

Die schwarzen Johannisbeeren waschen, im Mixer pürieren und durch ein Haarsieb streichen. Den Zucker in 1/4 Liter Wasser und dem Saft der Zitrone langsam erhitzen, mit dem Johannisbeersaft vermischen und abgekühlt in die Sorbetière geben. Wenn Sie keine Sorbetière besitzen, so geben Sie die in eine Schüssel gefüllte Sorbetmasse in das Tiefkühlfach Ihres Eisschrankes. Damit sich keine Eiskristalle bilden, immer wieder umrühren.

## Sorbet aux cassis

*500 g schwarze Johannisbeeren, 150 g Zucker, 1 Zitrone*

## Gewürzte Pflaumen

Die Pflaumen waschen und abtropfen lassen. Die Hälfte des Korianders und der Nelken im Mörser zerkleinern. Die Orange und Zitrone waschen, gründlich abreiben und jeweils einen breiten Streifen Schale hauchfein abschneiden und sehr fein hacken.
2/3 des Weins in eine Kasserolle mit dem grünen Pfeffer, der Zimtstange, den zerkleinerten Gewürzen, der zerkleinerten Orangen- und Zitronenschale und dem restlichen Koriander geben. Zum Kochen bringen und ca. 5 Minuten kochen lassen. Die Pflaumen hinzugeben, aufkochen und 2 Minuten kochen lassen. Erkalten lassen. Wenn die Pflaumen mit dem Wein erkaltet sind, den restlichen Wein hinzugeben, einen Tag stehen lassen und kalt servieren.

## Prunes aux épices

*ca. 1 kg rote Pflaumen, 1 Flasche trockener Rotwein, 220 g Zucker, die Hälfte einer Zimtstange, 2 TL Koriander, 7 Nelken, 1 TL grüner Pfeffer, 1 ungespritzte Orange, 1 ungespritzte Zitrone*

## Trockenpflaumen in Rotwein

Falls die Pflaumen sehr trocken sind, sollte man sie einige Stunden einweichen. Sind es sogenannte Kur-Pflaumen oder vakuumverpackte Pflaumen, kann man sie gleich mit den übrigen Zutaten in einen Topf geben und ca. 40 bis 50 Minuten leise köcheln lassen ohne den Topf zu öffnen. Der Saft wird sirupartig. Lauwarm oder kalt zu Milchreis oder zu Cremespeisen servieren.

## Pruneaux au vin rouge

*500 g Trockenpflaumen, 50 cl Rotwein, 1 Vanilleschote der Länge nach geöffnet, 8 EL Zucker, 1 Prise Zimt*

## Feigen in Rotwein

Auf kleiner Flamme den Zucker im Wein schmelzen lassen. Wenn die Zucker-Wein-Masse andickt, Vanille hinzufügen, ebenso die Feigen, zugedeckt ca. 30 Minuten auf kleiner Flamme köcheln lassen. Maraschino hinzugeben und kalt oder lauwarm servieren.

## Figues au vin rouge

*150 g Zucker, 75 cl Rotwein, 1 TL flüssige Vanille, 8 frische Feigen, 1 TL Maraschino*

# Apéritifs

Um nun alle diese Köstlichkeiten, die das Land und die Küche bieten auch gut verdauen zu können, hat die provenzalische Küche nicht wenige Rezepte ersonnen, die helfen, den Magen und den Geist für ein wohlgestaltetes Mahl vorzubereiten und mit dem genossenen Mahl fertig zu werden.
Eine nachahmenswerte Sitte ist der Aperitif, bei dem Süßweine oder ein Pastis gereicht werden.
Man sieht manchmal in Dörfern, wie verstohlen kleine gelblich schimmernde Tütchen den Besitzer wechseln. Das ist „le produit", der Puder. Die meisten Leute auf dem Lande fabrizieren ihren Pastis selbst. Das ist zwar verboten und wird bestraft, aber: „Eh, pourquoi pas" oder „et alors", ‚warum nicht' oder ‚na und' ist die übliche Reaktion. Pastis wird aus aromatischen Pflanzen, Süßholz, Anis und Branntwein hergestellt, das heißt die Zutaten werden fein zermahlen dem Alkohol zugefügt.
Der Pastis hat eine stürmische und umstrittene Vergangenheit. Während des Ersten Weltkrieges verboten, da man den Alkohol zur Pulverherstellung benötigte, doch heimlich in nächtlich einsamen Schuppen mit hausdestilliertem Branntwein weitergebraut, wurde er in den dreißiger Jahren wieder zugelassen, um dann im Zweiten Weltkrieg erneut verboten zu werden. Der Schwarzmarkt blühte wie in der ersten Verbotszeit. Die heimlichen Destillerien arbeiteten wieder, bis dann Ende der vierziger Jahre Pastis wieder in den freien Handel kam. Jedoch die Leute, und gerade die auf dem Lande lebenden, bleiben ihren alten Gewohnheiten treu. Hinzu kommt, daß die Herstellung des Eigenbaus einfacher geworden ist, denn der freundliche “épicier", der Krämer, verkauft einen ordentlichen Branntwein oder feinen Alkohol.
Wie der Pastis, so werden auch die meisten Süßweine, “vins doux", selbst hergestellt. Jede provenzalische Familie bietet dem Gast zur Stunde des Aperitifs mehrere hausgemachte Süßweine, wie den Nußsüßwein, den Sautelle oder einen Orangensüßwein an.

Die Herstellung dieser Süßweine ist denkbar einfach. Ich habe einige Rezepte ausgewählt.

Monsieur Francis, unser Elektriker, hat mir das folgende Rezept verraten: "Carthagène" ist ein "vin doux", der zum Aperitif gereicht wird. Monsieur Francis ging von 20 Litern "Carthagène" aus.

## Süßwein "Carthagène"

Die Trauben auspressen, die ca. 4 Liter Saft ergeben sollten. Diesen Saft in ein Glasgefäß, zum Beispiel in eine größere Korbflasche geben und den Alkohol darübergeben. Die Reihenfolge ist wichtig. Sollten Sie eine größere Quantität zubereiten wollen, so sollte immer mit Alkohol abgeschlossen werden.
Danach kühlstellen und ca. 8 Wochen stehen lassen. Probieren, wenn der gewünschte Geschmack erreicht ist, das Ganze filtern und in Flaschen abfüllen. Gut verschlossen aufbewahren.

## Carthagène

*für 5 l Carthagène benötigen Sie: ca. 8 kg Trauben verschiedener Sorte, z.B. Clairette, Muskat und unbedingt Grenache. 1 l 60%-igen Alkohol*

## Nußsüßwein

Es gibt eine Vielzahl reizvoller Rezepte zur Herstellung von *Vin de noix*. Ich habe zwei Rezepte notiert. Der *Vin de noix* wird Mitte Juni zubereitet.
Die Gewürze sind nach persönlichem Geschmack zu variieren. Man kann sie auch weglassen.
Die zerkleinerten Nüsse – Sie geben am besten die Nüsse in einen Plastikbeutel und zerschlagen sie mit einem Hammer, so bleiben Tisch und Hände sauber – mit den übrigen Zutaten in ein Glasgefäß geben. 40 Tage an einem kühlen Ort mazerieren lassen. Filtrieren, in Flaschen abfüllen und gut verschließen. Für die zweite Version geben Sie noch 1 Liter "eau-de-vie" dazu und verfahren sonst genauso.

## Vin de noix

*5 l trockener Rotwein, ca. 30 noch grüne Walnüsse, 1 kg Zucker, einige Nelken, und wer mag, ein wenig Muskat und 1 Stückchen Vanilleschote*

## Orangensüßwein

Die Orangen und die Zitrone mitsamt der Schale in Scheiben schneiden, mit den übrigen Zutaten vermischt in ein Glasgefäß geben. Nach ca. 40 Tagen filtrieren, in Flaschen abfüllen und gut verschließen.

Ein weiteres Rezept, das mehr Arbeitsaufwand erfordert, aber nachahmenswert ist – ich zitiere „La cuisine provençale":

## Vin d'orange

*5 l trockener Weißwein, 1 l Eau-de-vie, 5 ungespritzte Orangen, 1 ungespritzte Zitrone, 1 kg Zucker, wer mag, 1 kleine Vanilleschote*

## Orangensüßwein

3 Orangen schälen, in Streifen schneiden und im Backofen bei kleiner Wärmezufuhr trocknen lassen, ebenso die Schalen. In einem Glasgefäß den Weißwein mit den geschälten und in Stücke geschnittenen, restlichen Orangen, der Zitrone, dem Zucker und dem "eau-de-vie" vermischen. Die getrockneten Orangen und Schalen zugeben.
1-2 Monate mazerieren lassen, filtrieren und in Flaschen abfüllen.
Als Aperitif oder Digestif zu servieren.

## Le vin d'orange

*5 Orangen, 1 Zitrone, 1 kg Zucker, 1 l Eau-de-vie, 5 l trockener Weißwein*

BAR

## Rosmarinwein

Die Kräuter mit dem Wein und dem Alkohol in ein Glasgefäß geben und ca. 3 - 4 Wochen mazerieren lassen, filtern, in Flaschen abfüllen und verschließen.

## Vin de romarin

*50 g Blütenspitzen, 1 l trockener Rotwein, 1 Glas 90%-iger Alkohol*

Im 19. Jahrhundert wurde ein Rezept zur Herstellung von *Vin de romarin* beschrieben. Er galt als anregend und kräftigend.

*1 Handvoll Rosmarinblüten, 1 Handvoll Tanaisie, 45 g Wacholderbeeren, 1 l Weißwein, 90 g Alkohol*

Alle Zutaten miteinander vermischt in einem Glasgefäß während 1 Woche mazerieren lassen. Filtrieren, in Flaschen abfüllen und gut verschlossen aufbewahren.

## Pfefferminzcreme

Die grünen Pfefferminzblätter in "eau-de-vie" während 8 - 10 Tagen mazerieren lassen, den Zucker hinzufügen. Wenn der Zucker sich aufgelöst hat, 15 Tropfen Mentholessenz hinzugeben und solange als möglich stehen lassen.
*Crème de menthe* ist, mit kaltem Wasser vermischt (1 Teelöffel auf 1 Glas), im Sommer eine erfrischende Köstlichkeit.

## Crème de menthe

*1 l Eau-de-vie, 15 g grüne getrocknete Pfefferminze, 150 - 200 g Zucker, ca. 15 Tropfen Mentholessenz*

Dem Alkohol Abholden wird in manchen Gesundheitsbüchern empfohlen, vor einem reichhaltigen Mahl, anstelle des Pastis oder Süßweines, einige Salbeiblätter zu kauen. Sie sollen Schwerverdauliches verträglicher machen.

Tasse à vin
romain
Domaine de la Peyrade

# Digestifs, Infusionen und Heilwirkungen der Kräuter

Für den Abschluß eines opulenten Mahles, hält die provenzalische Küche ein reiches Angebot von Liqueuren oder Infusionen verschiedener Kräuter bereit. Zunächst der Kräuterliqueur als Digestif "à la maison" – nach Art des Hauses.
"Autrefois", wie man in der Provence sagt, früher,stiegen die Leute der Bergdörfer in der Nacht zu St. Jean, am 24. Juni auf die Berge, um vor Sonnenaufgang Kräuter zu pflücken.
Einige davon wurden in "eau-de-vie de marc" eingelegt, der größte Teil der Kräuter jedoch an der Luft getrocknet.
Alle Kräuter hatten den Namen "les herbes de St. Jean" und galten, ob in "eau-de-vie" eingelegt, getrocknet oder in einer Infusion als Heilmittel. Zu den Kräutern gehören Rosmarin, Serpolet (Quendel), Thymian, Majoran, Ysop, Sarriette (Bohnenkraut) und Angelika (Engelwurz).

Nachdem ich von diesem Brauch hörte und gerade verschiedene Rezepte ausprobierte, machte ich mich auf den Weg in die Collinen, die Hügel, nahe dem Orte. Am Dorfrand beginnen die Weinfelder, knorrige dunkle Rebstöcke. Sattgrüne Blättern strecken sich der Sonne entgegen. Am Wegrand eine Reihe von Mandelbäumen, die im Februar als erste Frühlingsboten in hellroter oder weißer Farbe blühen. Ein wenig weiter entfernt ein Hain mit Olivenbäumen. Dann ein Feld mit Aprikosen und Pfirsichen. Auf der anderen Seite des Pfades ein Feld mit Fenchel, der gelb-grün hoch aufschießt und von einer großen Blütenkrone geziert wird. Ich pflücke mir ein Bund der dünnen Äste. Zuhause werde ich die Zweige in handbreite Stücke schneiden, wie Reisigbündel zusammenbinden und an einem trockenen, luftigen Ort trocknen lassen. Einem Fischsud beigegeben, entfaltet der Fenchel sein ganzes Aroma.
Angelangt an den Hügeln, breitet sich ein Dickicht von wildwachsenden aromatischen Pflanzen aus. Darunter, dicht am Boden, Thymian, von den Provenzalen Farigoule genannt, unterbrochen von hohen Rosmarinbüschen, die im Winter ultramarinblaue Blüten tragen. Vereinzelt wildwachsender Lavendel, die violett-blauen Blüten von Bienen umschwirrt.

Allein schon die Berührung der Nadeln und Blättchen von Rosmarin und Thymian genügt, um ein ganzes Duftbouque zur Entfaltung zu bringen.
Ein leichtes Zerreiben in der Hand, ist ein wirksames Erfrischungsmittel. Ich bücke mich, um die nötigen Kräuter mit einer scharfen Gartenschere abzuschneiden und sie in meinen Korb zu legen.
Die Höhe der Collinen gestattet einen Blick auf das Dorf. In seiner architektonischen Geschlossenheit wirkt es beruhigend. Die Häuser werden überragt von dem Kirchturm, der von einer Campanile, einem schmiedeeisernen Glockenaufbau, gekrönt wird, wie in fast allen Dörfern der Provence. Überall Stille, nur vom Gebell der Hunde unterbrochen.
Dort oben bin ich gerne. Im Osten, in respektvoller Entfernung der Mont Ventoux, den wir in den nächsten Tagen besteigen wollen. Im Südwesten liegt Orange. Man erkennt die Umrisse der großen römischen Theatermauer, der besterhaltensten des römischen Weltreiches. Dazwischen Weinfelder. Hinter mir Hügel mit Kiefern und Krüppeleichen, im Herbst ein Paradies für Pilzsucher.
Die Kirchturmglocke läutet Mittag, 12 Schläge und wenig später ein zweites Mal. Ich gehe den Weg hinunter zu unserem Haus und treffe Juilette, eine Nachbarin, die in der Mittagspause – sie arbeitet in der örtlichen Wollfabrik – ihre vier Hunde spazierenführt. „Vous ramassez des plantes?“ – Sie sammeln Pflanzen? – Das sei gut, sagt sie, und berichtet sofort und ausführlich über ihre „crise de foie“, über ihre Leberkrise, die jeder anständige Provenzale zu haben hat.

Zuhause legte ich einen Teil der Kräuter in “eau-de-vie de marc” ein. Hier das Rezept. Der Liqueur ist ein vorzüglicher Digestif.

## Liqueur aux herbes de St. Jean

*je 2 Zweige Rosmarin, Thymian, Quendel, Majoran, Ysop, Bohnenkraut, 500 g Zucker, Eau-de-vie oder Branntwein*

## Johanniskrautlikör

Den Zucker in etwas Wasser auflösen und mit den Kräutern in ein Gefäß von ca. 1 Liter geben. Am besten eignen sich Weithalsflaschen (z.B. Orangensaftflaschen). Mit soviel “eau-de-vie de marc” auffüllen, daß alle Kräuter bedeckt sind. Die Flasche wohlverschlossen aufbewahren. Nach ca. 4 - 6 Wochen sollte man kosten, ob der Liqueur genügend aromatisiert ist. Man kann immer wieder neue Pflanzen hinzugeben und “eau-de-vie” nachfüllen, der Liqueur ist Jahre haltbar.

## Liqueur d’angélique

*Ca. 50 g Engelwurzzweige, 1,5 g geriebene Muskatnuß, 1,5 g Zimt, 1,2 l Eau-de-vie, 1/2 l Wasser, 1 kg Zucker*

## Likör mit Engelwurz

Die Engelwurzzweige in Stückchen schneiden, mit Muskatnuß und Zimt in “eau-de-vie” eine Woche mazerieren lassen.
Den Zucker in Wasser auflösen und diese Zuckerlösung dem Alkohol beigeben und weitere 8 - 14 Tage stehen lassen. Filtrieren und in Flaschen abfüllen. Gut verschlossen kühl aufbewahren.

## Anislikör

## Anisette

*1 l Eau-de-vie, 50 g Anissamen zerstoßen, 2 1/2 Pfund Zucker, 1 Messerspitze Zimt, 1/2 Vanilleschote*

Den zerstoßenen Anissamen in "eau-de-vie" mit 1 Pfund Zucker, dem Zimt und der Vanilleschote während 5-6 Wochen mazerieren lassen. Nach dieser Zeit abfiltern. In 1 Liter Wasser den restlichen Zucker auflösen, mehrmals brausend aufkochen lassen, abschäumen und mit dem "eau-de-vie" vermischen. Abkühlen lassen und in Flaschen abfüllen. Gut verschlossen aufbewahren. Der *Anisette* wird als Digestif gereicht.

Ein besonderer Digestif ist der Salbeiwein.

## Salbeiwein

## Vin de sauge

100 g Salbei in 1 Liter trockenen Weißwein geben. Mazerieren lassen.
Nach jeder Mahlzeit ein kleines Glas davon trinken. An kalten Wintertagen wirkt der *Vin de sauge* als Glühwein sehr anregend und wohltuend.

## Wacholderwein

## Vin au genévrier

10-30 g Wacholderbeeren in 1 Liter trockenen Weißwein 1 Woche mazerieren lassen. Abfiltern und gut verschlossen kühl aufbewahren. Täglich 1-2 Gläschen sorgen für einen guten Appetit und eine gute Verdauung.

## Lavendelwasser

## Eau de lavande

60 g frische Blüten in 1 Liter 32%-igen Alkohol mazerieren lassen. Abfiltern und gut verschlossen in Flaschen aufbewahren.
*Eau de lavande* ist ein guter Digestif.

## Melissenwasser

## L'eau de mélisse

*120 g angetrocknete Melissenblätter, 30 g Zitrone, 30 g Muskatnuß, 30 g Koriander, 15 g Zimt, 15 g Nelken, 2 l Weingeist*

Die Kräuter in dem Weingeist 1 Woche lang bei milder Wärme mazerieren lassen, filtrieren, in ein Glasgefäß abfüllen und gut verschlossen aufbewahren.
*L'eau de mélisse* ist sehr wirkungsvoll bei Schmerzen. Man nimmt täglich 1 Teelöffel in 1 Tasse Melisseninfusion aufgelöst oder als Tropfen auf einem Zuckerstückchen. Kinder 15 Tropfen, Erwachsene 30-40 Tropfen viermal täglich.

Am Ende eines provenzalischen Mahles serviert man üblicherweise eine „Infusion“. Bei unserer ersten Bekanntschaft mit dieser Sitte haben wir etwas geschmunzelt und hätten einen alkoholischen Digestif vorgezogen. Inzwischen sind wir „Infusionstrinker“ geworden und wählen manchmal zwischen mehreren Sorten aus.
Eine „Infusion“ ist genau genommen ein Kräutertee. Das Wort kommt von infuser – ziehen lassen. Die Kräuter werden mit kochendem Wasser übergossen, und man läßt sie 10 - 20 Minuten ziehen.
Im Folgenden schreibe ich einige „gängige“ Infusionen auf, die sich vorzüglich als Digestif eignen.

Grundsätzlich wichtig ist, daß man ein Gefäß aus Porzellan, Glas oder Ton verwendet oder auch ein emailliertes Gefäß, jedoch nie Eisen oder nichtemailliertes Metall, da sich diese nicht mit aromatischen Pflanzen vertragen und Giftstoffe entwickeln können. Wie lange man den Aufguß ziehen lassen sollte, richtet sich nach der gewünschten Geschmacksstärke. Man kann, wenn man einen intensiveren Geschmack wünscht, mehr Blüten oder Blätter nehmen. Ob gesüßt oder nicht gesüßt, ist ebenso Geschmackssache. Schaden tut es der Wirkung nicht, im Gegenteil, mit Honig gesüßt, unterstreicht es die Wirkung der Pflanzen.

Sehr verdauungsfördernd und daher als Digestif geeignet ist ein Aufguß aus:
Majoran – 1/2 Teelöffel pro Tasse
Quendel – 1/2 - 1 Teelöffel pro Tasse
Lavendel – 1/2 Teelöffel Blüten pro Tasse

Ein Klassiker unter den Infusionen ist der “verveine”, der Eisenkrautblättertee:
3 - 4 Blätter pro Tasse

Ein weiterer Klassiker, der Pfefferminzaufguß:
1 Teelöffel pro Tasse

Der Ursprung der Volksheilkunde, die auf die Wirkung aromatischer Pflanzen baut, geht auf die Griechen und Römer zurück und wurde schon von Hypokrates beschrieben. Er benannte bereits 250 Heilpflanzen. Die Mönche und Priester erforschten die Heilwirkung der Kräuter weiter und bildeten in ihren Klöstern die ersten Apotheker aus. Erst im 16. Jahrhundert begann die Entwicklung mineralischer und chemischer Arzneimittel.
Trotz dieser ungeheuren Evolution der Medizin und Pharmakologie sind die natürlichen Heilkräuter heute nicht vergessen. Gerade das Gegenteil tritt ein, wir erleben eine Renaissance.

Die positive Wirkung auf das Wohlbefinden des Körpers ist recht einfach zu erklären. Der aromatische Duft, bedingt durch die in den Pflanzen enthaltenen ätherischen Öle, regt die Organe an. Die Speicheldrüse, die Magen- und Gallendrüsen werden zur Produktion gereizt.
Andere aromatische Pflanzen haben dagegen eine beruhigende Wirkung.

Will man gezielt ein Übel überwinden, so ist die Einnahme über einen längeren Zeitraum von ein- und derselben Infusion sehr wichtig, da die Wirksamkeit der Pflanzen sich nur langsam entfaltet.

Ein Sortiment von 5 oder 6 Kräutern sollte man in seiner Küche haben und entsprechend wählen.

In der Provence gilt Rosmarin, Thymian und Salbei als Allheilmittel. Salbei – Salvia – kommt aus dem lateinischen salvare – sauver im französischen, retten, heilen im deutschen.
Salbei stimuliert den gesamten Organismus, regt die Drüsentätigkeit der Verdauungswege an.
Ein provenzalisches Sprichwort sagt:
"Qui a la sauge dans son jardin n'a pas besoin de médecin" – wer Salbei in seinem Garten hat, braucht keinen Arzt.
Ein Sprichwort aus dem Mittelalter besagt: "Pourquoi meurt-il l'homme dont la sauge pousse dans son jardin", was soviel bedeutet wie „warum stirbt der Mensch, wächst doch Salbei in seinem Garten".

Madame de Sévigné, weltberühmt geworden durch die Briefe an ihre Tochter, lebte in Grignan, einem Ort im Département Drôme. Sie schilderte in einem dieser Briefe lebhaft ihre Begeisterung über Rosmarin. Unter anderem schrieb sie: "J'en suis folle, c'est le soulagement de tous les chagrins" – ich bin närrisch, das ist die Erleichterung allen Kummers.

Empfehlenswert bei Appetitlosigkeit sind Infusionen aus:

30 g Kamillenblüte, 1 Liter Wasser, 1 Prise Aniskörner und Engelwurz
Ca. 2 Stunden ziehen lassen und mehrmals täglich davon trinken. Diese Infusion regt nicht nur den Appetit an, sie bereitet gleichzeitig eine gute Verdauung vor.

1 Messerspitze Kümmel auf 1 Tasse kochendes Wasser ist ebenso wohltuend nach einem fetten Essen.

Man kann auch 2 – 5 g gemahlenen Anis in Wasser oder Wein auflösen oder über 1 Teelöffel Honig streuen und ihn einmal täglich zu sich nehmen.

Bei Magenverstimmungen und Verdauungsbeschwerden nervösen Ursprungs, ist eine Infusion aus Basilikum oder Majoran besonders zu empfehlen. Basilikum wirkt angenehm und anregend auf das Nervensystem.

Eine Infusion, die bei Magenbeschwerden nervösen Ursprungs sehr wirkungsvoll ist:

Je 1 Messerspitze Engelwurzwurzel, Anis, Koriander, Melisse, Pfefferminz, Quendel, Salbei, 1 Wacholderbeere, mit 1 Tasse kochenden Wassers überbrühen, 10 Minuten ziehen lassen, und nach jeder Mahlzeit 1 Tasse trinken.
Einfacher ist es, sich diese Mischung vorzubereiten, und bei Bedarf 1 Teelöffel pro Tasse aufzubrühen.

Eine weitere, dem Magen sehr zuträgliche Mischung, ist folgende:

Zu gleichen Teilen Engelwurzwurzel, Melisse, Pfefferminz, Quendel und Salbei vermischen, davon bei Bedarf 1/2 Teelöffel in 1 Tasse kochenden Wassers aufbrühen, und nach der Mahlzeit trinken.

Bei Verdauungsbeschwerden hilft eine Infusion aus getrockneten Lavendelblüten, 50 g Blüten auf 1 Liter Wasser. Diese Infusion hat gleichzeitig eine beruhigende Wirkung, und ist deswegen besonders zum Abend hin zu empfehlen.

Bei Blähungen sind Infusionen mit Koriander, Kümmel, Anis, Fenchel, Pfefferminz oder Engelwurz sehr hilfreich.

Bei Gallen- oder Leberbeschwerden hilft der regelmäßige Genuß eines Rosmarin-Aufgusses nach der Mahlzeit.

Bei einer Diarrhöe hilft ein Aufguß aus 50 g Salbeiblättern auf 1 Liter kochendes Wasser, den Sie immer wieder in Schlückchen trinken.

Bei Übelkeit und Brechreiz ist ein Aufguß aus Dill, Lorbeer oder Lavendel sehr wohltuend.

Bei Müdigkeit und Überanstrengung macht ein Aufguß aus Koriander munter (1 Teelöffel auf 1 Tasse kochendes Wasser).

Zur Frühjahrskur eignet sich besonders eine Infusion aus Kerbel oder Löwenzahn, da beide Pflanzen blutreinigende Wirkung haben.

Einen nicht enden wollenden Schluckauf kann man mit einem Aufguß aus Dill besiegen.

Bei den ersten Anzeichen einer beginnenden Erkältung, kann eine Infusion aus Origano Wunder wirken. War es zu spät und die Erkältung nistet sich als Grippe mit Schnupfen und Fieber ein, so sollte man einen Aufguß aus
5 g getrocknetem Boretsch auf 1 Tasse kochenden Wassers zubereiten. Wenn man mag, fügt man noch ein wenig Kamille und 1 Löffel Honig hinzu. Man sollte den Aufguß so heiß wie möglich und schon fest verpackt im Bett trinken.

Dehnt sich die Grippe weiter zu einem Husten oder Bronchialkatarrh aus, so wirkt eine Infusion aus zerstoßenem Fenchelsamen (1 Teelöffel auf 1 Tasse dreimal täglich) lindernd.

Ebenso wirksam sind Aufgüsse aus Lavendelblüten, Ysop oder Thymian.

Ein Hustensirup, der sogar Kindern vorzüglich schmeckt, läßt sich wie folgt sehr einfach herstellen:
50 g Ysopblüten auf 1/2 Liter kochendes Wasser, darin ca. 60 g Zucker auflösen. Von diesem Sirup täglich 4 - 6 Eßlöffel (100 g) einnehmen.

Ein Hustenteerezept, das ich von meiner Nachbarin Juliette empfohlen bekam, möchte ich ebenfalls weitergeben, da Kinder diesen Tee besonders gerne mögen. Er ist auch bei Keuchhusten von guter Wirkung.

Eine Kräutermischung zu gleichen Teilen aus Basilikum, Pfefferminz, Lavendel, Anissamen herstellen. Von dieser Mischung viermal täglich 1 Eßlöffel voll in 1 Tasse kochenden Wassers aufbrühen. Mit Honig süßen und heiß trinken.

Auch sehr wirkungsvoll bei Keuchhusten ist ein konzentrierter Aufguß aus Quendelblüten. 15 g Quendel mit 100 g kochenden Wassers überbrühen, mit Honig süßen. Stündlich 1 Eßlöffel voll davon einnehmen.

Leidet man unter Schlafstörungen, so sind ganz besonders Infusionen zu empfehlen. Man sollte nicht sofort auf einen tiefen Schlaf hoffen. Die Wirkung dieser Kräuteraufgüsse tritt erst nach einigen Tagen ein, wie überhaupt die Wirkung der Kräuter in deren kontinuierlicher Anwendung liegt.
Einige Blätter frisches Basilikum in kochendem Wasser aufbrühen, 10 Minuten ziehen lassen und nach dem Mittag- und Abendessen trinken.
Getrocknetes Basilikum läßt sich ebenso verwenden. Hier nimmt man 1 Eßlöffel auf 1 Tasse kochendes Wasser.

Ein weiteres Rezept:
Einige Blättchen Majoran in Wasser zum Kochen bringen, einige Minuten kochen lassen und 10 Minuten ziehen lassen. Nach dem Abendessen lauwarm trinken.

Bei Migräne lindert ein Aufguß aus Primelblüten und -blättern die Schmerzen. Man rechnet 1 Eßlöffel auf 1 Tasse kochendes Wasser.
Wohltuend sind in Pfefferminzaufguß getauchte Kompressen. Eine Handvoll Blätter ca. 10 Minuten kochen lassen, etwas abkühlen lassen, jedoch so heiß als möglich auf die Stirn legen.

Zur Beruhigung des vegetativen Nervensystems empfiehlt sich ein Aufguß von 10 - 20 g Origano auf 1 Liter kochendes Wasser. Morgens und abends soll 1 Tasse getrunken werden. Ebenso wirkungsvoll sind Kamille, Pfefferminz, Mohn oder Lindenblüten.

Bei rheumatischen Beschwerden sollte man regelmäßig zweimal täglich Infusionen aus Wacholderbeeren zu sich nehmen. Man stellt einen Aufguß aus 20 g Wacholderbeeren und 1 Liter kochendem Wasser her.

Ich habe von einer Kur erfahren, die wahre Wunder bei Rheuma vollbringen soll. 2 Wochen lang soll täglich 1/2 Glas frischer Selleriesaft getrunken werden, einschließlich am Tage des Herrn, wie es so schön in der alten Rezeptur heißt.

Zum Schluß dieses Kapitels ein Rezept, eines ebenso wohlschmeckenden wie wohltuenden Aufgusses, ein Punsch aus Engelwurzwurzeln, der wie ein Glühwein vorbereitet und heiß getrunken wird: 30 g Engelwurzwurzeln, 4 Eßlöffel "eau-de-vie", 100 g Zucker, 1 Liter Wasser, etwas Zitrone.

In der äußerlichen Behandlung von Wunden, spielten die Kräuter von alters her eine große Rolle.
Eines der ältesten überlieferten Rezepte, "L'elixir de millepertuis", Johanniskraut-Elixier, dürfte schwierig herzustellen sein. Die Anweisungen des Rezeptes lauten: Die Blütenspitzen sollten dann gepflückt werden, wenn die Sonne im Zeichen des Löwen und unter einem guten "aspect astrologique" Jupiters steht.

500 g Johanniskrautblüten, 1 Liter Olivenöl, 1/2 Liter Wein
Dieses Gemisch 3 Tage mazerieren lassen, dann im Wasserbad erwärmen, bis die Mischung sich vollzogen hat, bis der Wein sich mit dem Öl verbunden hat. Danach stellt man das Gefäß 1 Monat in die Sonne. Die Blüten abseihen, das Öl in kleine Flacons füllen und gut verschlossen aufbewahren.
Kompressen oder Pflaster mit diesem Elixier getränkt auf Brandstellen oder Wunden legen.

Thymian galt im Volksmund als Antibiotikum der Armen, denn es hat eine heilende und antiseptische Wirkung. Es empfiehlt sich bei schlecht heilenden oder schmerzenden Wunden, einen Aufguß aus je 1 Teelöffel Rosmarin, Ysop, Lavendel auf 1/2 Liter kochendes Wasser. Man läßt die Kräuter 10 Minuten ziehen, seiht ab und reinigt mit diesem Sud die Wunde oder legt lauwarme Kompressen auf.

Ein einfacher Aufguß aus Thymian, das heißt eine Handvoll Thymian auf 1/2 Liter kochendes Wasser, 10 Minuten ziehen lassen und lauwarme Kompressen auf die Wunde legen, hat ebensolche Wirkung.

Bei Insektenstichen von Bienen oder Wespen, helfen sich die Bauern, indem sie Blüten von Basilikum, Lavendel oder Blätter von Pfefferminz, Boretsch, Ysop, Petersilie oder Thymian auf die Einstichstelle reiben. Die Kräuter sollen das Gift neutralisieren und den Schmerz lindern.

Daß ein kleines Leinensäckchen mit Lavendelblüten in jedem provenzalischen Kleiderschrank und in jeder Wäschetruhe liegt – ist nicht nur des angenehmen Duftes wegen, sondern dient in erster Linie zur Vertreibung von Motten.

# Vom Wein in der Provence

Um Wein zu studieren im besten Sinne des Wortes, fährt man am besten in die Provence. In Suze-la-Rousse befindet sich der Welt einzige Weinuniversität. Auch als Amateur und Freund des Weins kann man Seminare besuchen, und so zu einem diplomierten Weinkenner avancieren.
Die Provence ist interessant, weil die Winzer experimentierfreudiger sind, als in anderen Weinlandschaften Frankreichs. Wen wundert's, bei so idealen klimatischen Bedingungen und Bodenverhältnissen.
Daß zwischen Châteauneuf-du-Pape und Suze-la-Rousse der beste Rotwein dieser Landschaft gedeiht, ist bekannt. Daß aber der Weißwein mehr und mehr angebaut wird, und mit hervorragenden Ergebnissen auf den Weinmessen aufwartet, ist eine Überraschung. Fand man vor Jahren nur excellente Weißweine in Cassis und ein wenig in Châteauneuf-du-Pape, so kann man heute bei einer größeren Anzahl von Winzern bemerkenswerte, trockene Weißweine finden.
Bei aller Zukunft für die Weißen, die die Qualität unserer Nachbarn in St. Joseph oder Tain l'Hermitage erreichen können, vergessen wir nicht, daß die vorherrschende Macht der Roten ungebrochen ist.
An der Spitze Châteauneuf-du-Pape. Wir fanden die größten bei Reynaud.

Leider führt die Exponierung einiger Weine in bestimmten Medien zu allzu großer Nachfrage, sodaß Tankwagen die Fässer leeren und einige Winzer dazu verführen zu produzieren. Alte Weinstöcke, die die Qualität ergaben, wurden durch junge ersetzt, die Masse geben. Es ist also Vorsicht geboten.

Die Provence – seit Jahrhunderten ein tolerantes Land – läßt auch im Weinanbau die verschiedensten Verfahren der Weinherstellung nebeneinander gelten und bestehen. Im Mittelalter würzten die Winzer von Olivier-de-Serre ihre neuen Eichenfässer mit einem Gemisch aus Rosmarin, Fenchel, Lorbeer und Wacholderbeeren. Wir fanden vor einiger Zeit einen Wein, der in Fässern lagerte, die nach dieser Methode präpariert wurden.

Es ist einerseits eine Hinwendung zu der reinen, ursprünglichen "vinification", wie Puymeras, der St. Apolinair. Die Winzer haben bewiesen, daß man auch ohne Chemie, biodynamisch, arbeiten kann. Das Ergebnis: ein außergewöhnlicher Wein, der sich darüberhinaus ausgezeichnet als Lagerwein zu entwickeln weiß.

Andererseits, auf der Domaine de la Ranjarde, wo Römer bereits die Syrah-Traube pflanzten, übernimmt heute eine Erntemaschine die mühselige Handlese. Ergebnis: Goldmedaille beim regionalen Weinwettbewerb.

Die Phyloxera, eine Erkrankung am Weinstamm, zwang die Winzer am Ende des 19. Jahrhunderts zur Aufgabe, zur Kapitulation. Viele von ihnen wanderten aus, nach Amerika beispielsweise. Arbeiteten dort mit Weinstöcken, die gegen die unglückselige Krankheit ihrer Heimat immun waren.
Später wurden diese Rebsorten nach Frankreich exportiert. Unsere Trauben heute, das mag man gar nicht gerne hören, sind also echte Amerikaner.

Trotzdem hat das Land schnell den Reben seinen unverwechselbaren Charakter gegeben.
In Gigondas erdig und majestätisch bei Les Paillière, elegant bei St. Estève in Uchaux, fein in St. Maurice und Vinsobre, in Rasteau und Cairanne, würzig in Sérignan. Die Côte d'Aix hat mit ihrem Château Simone einen Wein der Spitzenklasse und ist uns einer der liebsten des Landes geworden.

Bleibt zu erwähnen, daß die nördliche Departements-Grenze Vaucluse gleichzeitig die „Zuckergrenze" im französischen Weinbau ist. Was im ganzen Lande möglich ist, den Wein durch gesetzlich erlaubte Mengen von Zucker zu verbessern, wird in der Provence verboten, begründet mit den idealen klimatischen Bedingungen dieser Landschaft.

# Verzeichnis der Abbildungen

# Stichwortverzeichnis